供电企业社会责任管理工具丛书

U0657895

你用电·我用心

Your Power Our Care

社会责任信息披露报告书
编制手册

国家电网公司 编

中国电力出版社
CHINA ELECTRIC POWER PRESS

序

习近平总书记在 2018 新年贺词中指出："2018 年，我们将迎来改革开放 40 周年。改革开放是当代中国发展进步的必由之路，是实现中国梦的必由之路。我们要以庆祝改革开放 40 周年为契机，逢山开路，遇水架桥，将改革进行到底。"改革开放 40 年来，中国企业取得了巨大的发展成就，许多企业具备了成为具有国际竞争力的世界一流企业的基础和条件。2017 年，在世界 500 强中，中国企业达到 115 家，已日益成为展示中国国家形象的新名片。与此相适应，随着我国企业影响力的不断扩大，中国企业社会责任发展也取得了巨大成就。

习近平总书记多次强调，"坚持经济效益和社会效益并重。一个企业既有经济责任、法律责任，也有社会责任、道德责任。企业做得越大，社会责任、道德责任就越大，公众对企业这方面的要求也就越高""只有富有爱心的财富才是真正有意义的财富，只有积极承担社会责任的企业才是最有竞争力和生命力的企业"。

在习近平新时代中国特色社会主义思想的引领下，在中国企业特别是中央企业的持续推动下，企业社会责任已在中国从无到有，从舶来品到真正植根于中国语境。2012 年底的中央经济工作会议明确提出要"强化大企业的社会责任"；十八届三中全会将"承担社会责任"作为深化国有企业改革的六项重点工作之一；十八届四中全会特别指出要"加强社会责任立法"；十八届五中全会提出"加强国家意识、法治意识、社会责任意识"。"十九大"做出了我国社会主要矛盾发生转化的重大判断，提出"推进诚信体系和志愿服务制度化，强化社会责任意识、规则意识、奉献意识"，我国已将企业社会责任上升为国家意志和国家战略。

自 2006 年以来的 13 年中，国家电网公司坚持理论与实践并重，率先发布我国首份企业社会责任报告，首个企业履行社会责任指南，首个企业绿色发展白皮书，首个企业价值白皮书，首套企业社会责任管理工具丛书；深度参与社会责任国际标准 ISO 26000、国家标准 GB/T 36000 和行业标准制定；率先成立能源行业首个企业公益基金会；社会责任案例进入哈佛、北大、清华等高校课堂。国家电网公司持续探索与完善社会责任工作体系，经历"导入起步（2006—2007）""试点探索（2008—2011）""全面试点（2012—2013）""根植深化（2014—2016）"四个阶段，进入"示范引领"阶段，推动全面社会责任管理根植于企业运营，推进社会责任模式创新和制度创新，在创新管理模式、综合价值实现模式和责任落实机制方面取得丰硕成果，为企业社会责任发展贡献了国家电网智慧和国家电网经验，引领了企业社会责任管理的发展方向。

供电企业作为提供公共产品与服务的基础产业，既是服务千家万户的可靠供电保障主体，也是关系国计民生的能源战略实施主体，同时还是公众高度关注的社会资源配置主体。供电企业的公共事业属性，决定了其肩负着重大的政治、经济与社会责任，必须秉承人民电业为人民的企业宗旨，坚持以客户为中心、专业专注、持续改善的核心价值观，做好电力先行官，架起党联系群众的连心桥，在服务党和国家工作大局、服务经济社会发展和人民美好生活中当排头、做表率。改革开放以来，我国供电企业一直积极履行社会责任，自觉追求社会综合价值最大化，不断推动社会责任融入企业日常经营与管理，很好地发挥了引领和示范作用。同时，作为运营受到社会广泛监督，重大决策只有得到政府许可、社会认同、公众支持才能付诸实施的公用事业企业，供电企业最有意愿将社会责任理念融入日常的运营管理，也最迫切需要一套系统、实用的导入工具。

这套社会责任管理工具丛书，就是将国家电网公司历年来在企业社会责任管理方面的经验与实践，进行"将复杂的问题简单化""将具体内容逻辑化、结构化、图示化"的梳理，把社会责任理论与具体的产业、行业、企业业务有机地结合起来，根据不同的情景，提出不同的解决方案，并提供相应的管理工具，希望使读者能够在短时间内有效地理解、掌握和运用。我们相信，这套丛书对我国供电企业，甚至是所有企业全面了解、系统掌握和熟练应用社会责任理念、方法和工具，将起到重要的指导和借鉴作用，必将对我国企业社会责任理论与实践的发展起到重要的促进作用，对中国经济社会可持续发展和企业更好履行社会责任产生重要而深远的影响。

习近平新时代中国特色社会主义思想和党的"十九大"精神赋予了新时代企业社会责任的新使命，指明了新时代企业社会责任的新方向，明确了新时代企业社会责任的新任务。40年物换星移，40年春华秋实，今天，站在新的历史方位，中国企业社会责任的理论创新、制度建设、实践方法也必须进入新境界，必须从更高起点上系统谋划，整体推进。我们有信心，通过不懈努力和不断探索，与社会各方和全球伙伴一起，携手应对世界经济、社会、环境发展中的新挑战，共同构建人类命运共同体，努力促进全球可持续发展目标的实现。

国家电网公司董事长、党组书记

2018年6月

前言

国务院国资委于 2011 年在中央企业社会责任工作会议上提出，各中央企业要大力加强与利益相关方的沟通交流，加强运营透明度，及时披露企业重要信息、回应公众关切。2015 年 6 月，《社会责任指南》（GB/T 36000-2015）、《社会责任报告编写指南》（GB/T 36001-2015）和《社会责任绩效分类指引》（GB/T 36002-2015）三项国家标准正式发布，并于 2016 年 1 月 1 日起实施。这对中国企业在社会责任信息披露方面提出了更为明确的要求。从 2001 年到 2016 年，我国发布的社会责任报告数量逐年增长。截至 2016 年 10 月 31 日，我国发布了 2613 份社会责任报告。提升社会责任信息透明度，成为中国企业社会责任发展的重要趋势。

国家电网公司立足国情和中央企业实际，始终走在中国企业社会责任发展道路的最前沿，在保证运营透明度、自觉接受社会监督、建立健全对外信息披露机制等方面做出了众多积极探索和创新行动。2006 年，国家电网公司成功发布了中央企业首份社会责任报告，获得时任国务院总理温家宝的重要批示。2010 年起，国家电网公司陆续发布了《国家电网公司绿色发展白皮书》《公司的价值——国家电网时刻在你身边》《促进新能源发展白皮书》以及《卓越管理白皮书》。国家电网公司系统各单位也在企业社会责任信息披露报告书的编制、发布及运用上做出了诸多有益探索，自 2012 年开始陆续发布服务地方经济社会发展白皮书，部分单位还围绕具体的社会责任议题发布专项白皮书。通过发布一系列报告书，国家电网公司搭建面向利益相关方的理性沟通平台，实现从工作沟通到价值沟通、从单向沟通到双向沟通、从树立企业形象到获取社会各界理解与支持的三重转变。

社会责任信息披露报告书的编制、发布与传播，不仅是国家电网公司所属各单位社会责任信息披露的重要途径，更是全国供电企业社会责任管理不可或缺的组成部分，是对企业可持续发展战略落实与进展的一次总结与回顾。企业通过报告书披露履责意愿、行为、绩效与承诺，主动获取各利益相关方的意见与建议，为企业持续改进、完善社会责任管理工作提供动力，打造负责任、可信赖的企业形象。

本手册涵盖报告书的编制、表达和促进管理等内容，系统提供了报告书的功能定位、编写流程、编写方法与编写技巧。本手册旨在帮助尚未发布报告书的供电企业，快速学习编制方法与要领，高质、高效地完成报告书的编制工作；为具有报告书编制经验的供电企业，提供进一步的创新思路和指引，鼓励其结合实际需要进行创新，不断改进和提升报告书的编写质量。本手册将集中分享供电企业社会责任信息披露的经验做法，共同探索提升供电企业社会责任透明度的方法与路径。

Contents

序

前言

关于报告书	报告书的编制与传播	报告书的表达

目录

报告书推动管理

工具包

关于报告书

企业社会责任信息披露报告书

随着国际社会责任标准 ISO 26000《社会责任指南》和我国社会责任国家标准 GB/T 36000 系列标准的发布与实施，企业社会责任信息的自愿披露已成为国内外社会责任发展的一大趋势。企业社会责任信息披露报告书作为企业对外信息沟通的重要载体，在监督、规范企业履行社会责任方面发挥着重要的作用。

企业社会责任信息披露报告书（以下简称"报告书"）是企业为全面反映管理自身运营对利益相关方和自然环境的影响所进行的系统性信息披露，是对企业履行社会责任的理念、行动、绩效和计划的综合反映。报告书目前主要以企业社会责任报告、可持续发展报告、企业公民报告、实践报告、专题报告、白皮书、简讯等形式呈现。

德国电力（E.ON）可持续发展报告 2015

中国广核集团 2015 企业社会责任报告

中国石油在苏丹专题报告

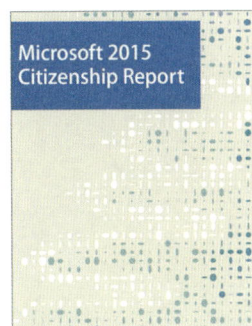

微软 2015 公民报告

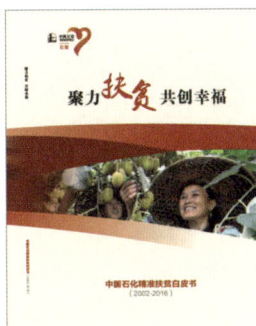

中国石化精准扶贫白皮书 2002-2016

亚什兰中国 2016 年责任微刊第二期

供电企业社会责任信息披露报告书

供电企业作为向社会提供电力服务的公用事业型企业，其运营发展始终受到全社会的高度关注。为了营造良好的发展环境，国家电网公司积极推动系统内供电企业报告书编制、发布和传播工作的常规化、系列化和制度化，及时回应社会各界关注，实现企业价值的感性表达和理性传播。

国家电网公司系统社会责任信息披露报告书概况

A 自 2006 年发布国内首份中央企业社会责任报告以来，国家电网公司已经连续 11 年编制和发布社会责任报告，面向公司内外阐述社会责任观以及履责意愿、行为、绩效、承诺，并建立了完善的社会责任报告编制、发布与传播机制，形成了周密的社会责任报告编写与发布流程，充分发挥了社会责任报告的信息披露平台作用，实现了对利益相关方关注的企业社会责任议题的全方位回应。

B 2010 年，国家电网公司发布的《国家电网公司绿色发展白皮书》，是我国企业发布的首份绿色发展白皮书，率先向政府和社会公众传递了企业推进绿色发展的战略思考和理性声音，贡献了社会榜样型企业推进绿色发展的基本范式，积极推动了全社会形成绿色发展共识。

2012 年，国家电网公司发布了我国首份企业价值白皮书：《公司的价值——国家电网时刻在你身边》，推动社会各界与企业建立基于价值认同的信任关系。2015、2016 年，国家电网公司连续两年发布《国家电网公司促进新能源发展白皮书》，为社会提供了系统了解中国新能源发展现状及趋势的有效渠道。

C 2012 年，国网江苏电力发布了国家电网公司系统各单位的首本报告书——《"服务'两个率先'、点亮美好生活" 社会责任工程纲要（2012-2015）》，并同步推出《践行民生责任 2012 十项行动》专项白皮书。同期，国网冀北电力发布了国家电网公司系统首份以服务地方经济社会发展为主题承诺的《服务河北省经济社会发展白皮书》。

国家电网公司系统各单位开始在深刻理解地方经济社会发展形势的基础上，主动将公司的战略部署、专业工作置于地方经济社会发展的格局中进行定位与思考，陆续发布服务地方经济社会发展白皮书及各类专项白皮书等供电企业报告书。截至 2016 年底，国家电网公司的 20 余家网省公司、40 余家地市公司发布了报告书。

社会责任报告 2015
社会责任报告 2014
社会责任报告 2013
社会责任报告 2012
社会责任报告 2011

扫二维码，获取国家电网公司历年社会责任报告

国家电网公司
绿色发展白皮书

公司的价值

促进新能源发展白皮书

供电企业报告书类别

根据报告书内容覆盖的全面程度以及对不同议题关注度的差异性，供电企业发布的报告书可分为三个类别：综合型报告书、利益相关方型报告书、议题型报告书。

综合型报告书

全面阐释企业业务为利益相关方创造综合价值的情况，如国家电网公司系统各单位发布的服务地方经济社会发展白皮书等。

利益相关方型报告书

集中回应某一类利益相关方关注的一个或者多个议题，如国网安徽电力发布的《2014 服务客户白皮书》等。

议题型报告书

对多个利益相关方共同关注的同一议题进行有针对性的回应，如国网北京电力发布的《清洁首都空气电力行动2013》等。

供电企业报告书核心功能

A 以责任视角系统展现企业价值

编制报告书的过程是以社会责任理念对供电企业工作进行重新梳理和解读，即以利益相关方视角，侧重分析业务与利益相关方的关系、对其产生的影响，重在展示价值创造的意愿、过程与结果。

B 建立与利益相关方沟通的新方式

报告书的内容区别于业务信息、宣传报道以及工作汇报等，在内容表达上注重从工作与专业到责任与价值的转化，在渠道上增加与利益相关方的沟通机会，拓展与利益相关方沟通的内容。

C 形成企业内部对话的新机制

通过报告书的编制与发布，在企业内部有效传播和导入社会责任理念，构建起基于一个新的共同理念的内部对话机制，推动员工工作的认知改变、行为改变和绩效改变，促进企业运营方式和管理方式的创新。

报告书的
编制与传播

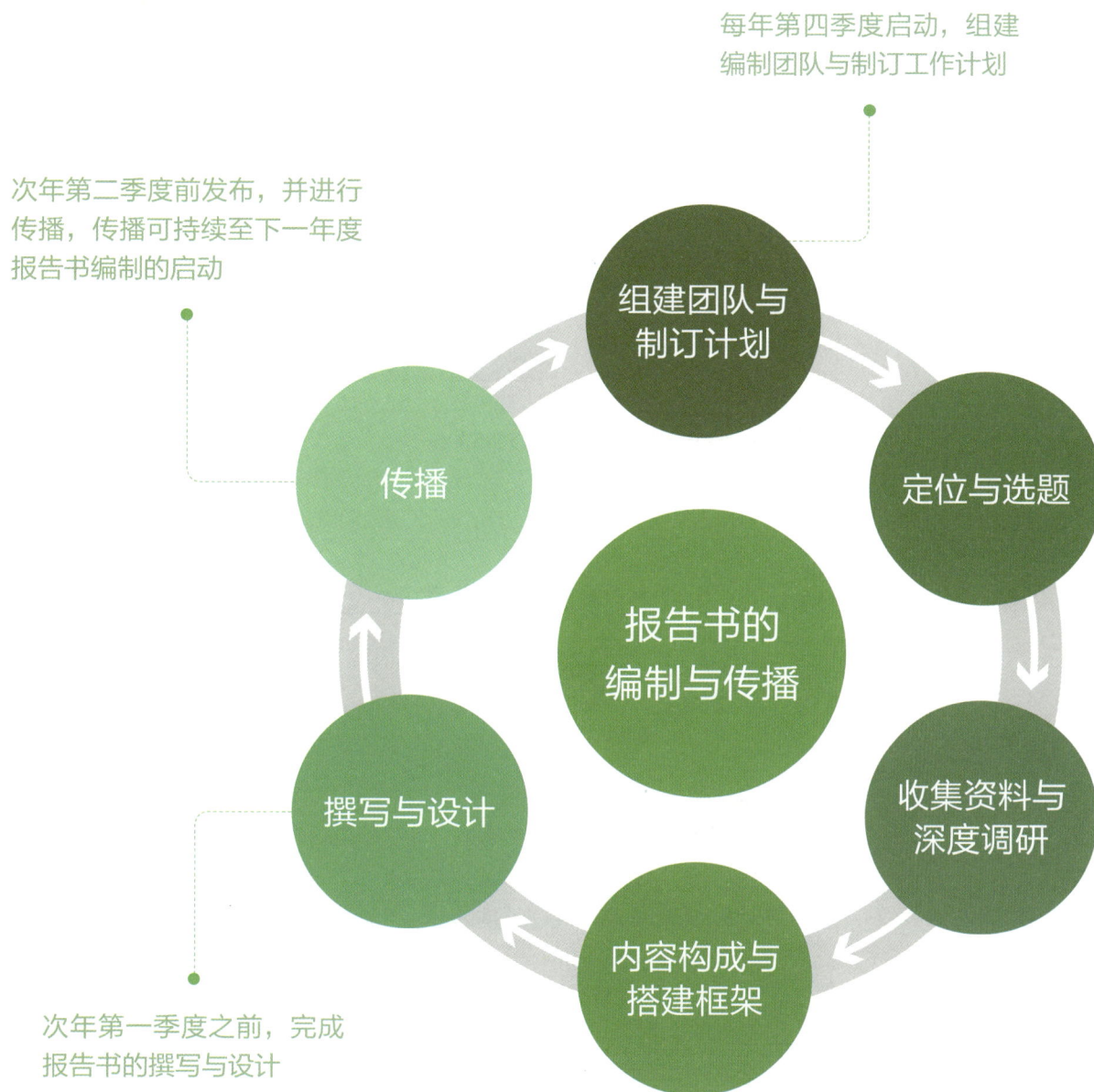

每年第四季度启动，组建
编制团队与制订工作计划

次年第二季度前发布，并进行
传播，传播可持续至下一年度
报告书编制的启动

组建团队与
制订计划

传播

报告书的
编制与传播

定位与选题

撰写与设计

收集资料与
深度调研

内容构成与
搭建框架

次年第一季度之前，完成
报告书的撰写与设计

组建团队与制订计划

启动报告书编制工作，需要协调人力、物力资源进行系统性策划。

组建团队

报告书内容涵盖面广、专业性强，需成立由领导小组与编制小组组成的工作团队，取得企业高层的支持、各专业与职能部门的协同与深度参与。

领导小组

- 统筹推进报告书的编制、传播工作；
- 对报告书编制、传播各工作阶段的关键控制点进行决策；
- 协调各业务与职能部门的支持、参与。

编制小组

- 了解并分析利益相关方需求，确定报告书类型与主题；
- 收集资料，并对资料进行分析、理解，提取有价值的信息；
- 确定报告书的框架与内容，完成报告书撰写工作；
- 与设计团队紧密配合，保障设计质量；
- 组织报告书的发布、传播活动，并收集企业内外部的反馈意见。

制订工作计划

报告书一般不晚于每年的 6 月份发布。报告书编制过程耗时较长、需协调的事宜较多，需要制订工作计划，把握时间进度和关键控制点。

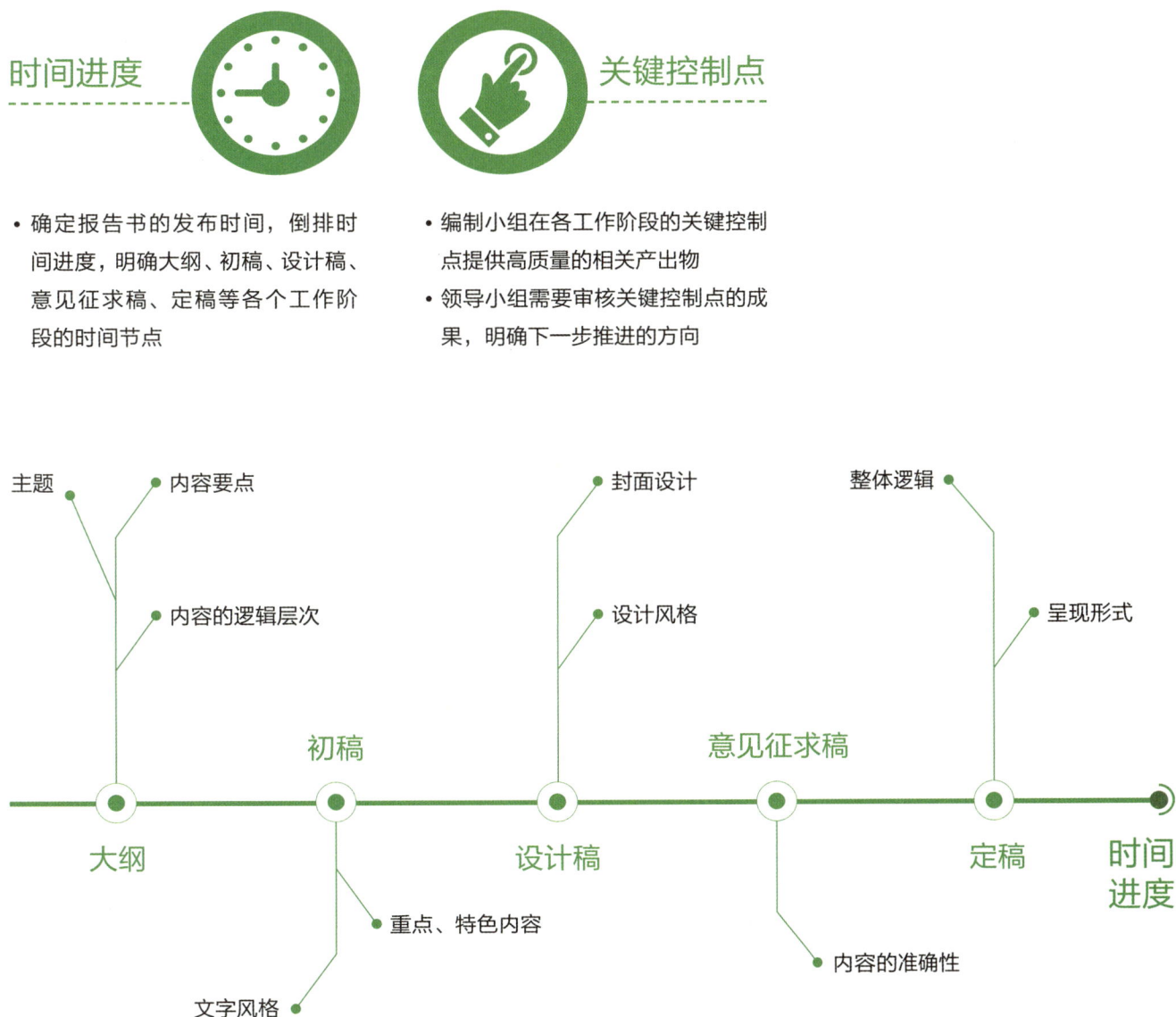

时间进度

- 确定报告书的发布时间，倒排时间进度，明确大纲、初稿、设计稿、意见征求稿、定稿等各个工作阶段的时间节点

关键控制点

- 编制小组在各工作阶段的关键控制点提供高质量的相关产出物
- 领导小组需要审核关键控制点的成果，明确下一步推进的方向

报告书编制的工作阶段及关键控制点

定位与选题

定位与选题是赋予报告书企业特色的重要一步。报告书的特色化会给利益相关方留下深刻印象，引起利益相关方共鸣。在定位与选题阶段要明确报告书编制、发布的目的与意义。清晰的定位和选题，将有针对性地指导后续资料收集、选取及报告书的逻辑构建与撰写工作。为实现成功的定位与选题，要了解利益相关方诉求，确定报告书类型，拟定报告书主题等。

了解利益相关方诉求

识别企业的利益相关方（参见工具一），有针对性地了解、分析他们在相关信息获取方面的诉求，并将其转化为编制报告书的依据。

步骤一：利用价值素描把握整体诉求

价值素描是从供电企业视角出发，定位地方经济社会发展背景与特点（参见工具二），识别供电企业与当地经济社会发展的关系，明确供电企业对当地经济社会发展的支持与贡献。考虑利益相关方诉求会受到地方经济社会发展历史和现状的影响，需要了解地方经济社会发展的地域性、时代性、政治性特点，并以此为基础更准确地把握利益相关方的集中诉求。下表以各省公司为例，系统呈现了呼应地方政府的供电企业价值贡献。

工具一：利益相关方识别工具
工具二：地方经济社会发展特点分析方法

各省公司的价值素描参考示意

编号	省公司	所在地区的经济社会发展背景与特点	对当地经济社会发展的支持与贡献
1	国网北京市电力公司	"十二五"期间，明确了全国政治中心、文化中心、国际交往中心、科技创新中心的城市战略。未来，将把握首都城市战略定位，深入实施京津冀协同发展战略，建设国际一流的和谐宜居之都	服务国际一流和谐宜居之都建设；服务清洁能源并网与消纳，推进首都空气污染治理
2	国网天津市电力公司	"十二五"期间，经济结构发生实质性变化，区县经济显著壮大。未来，基本实现"一基地三区"（全国先进制造研发基地、北方国际航运核心区、金融创新运营示范区、改革开放先行区）定位，全面建成高质量小康社会	服务城市功能品质提升；服务自贸区建设
3	国网河北省电力公司	"十二五"期间，加大化解过剩产能和结构调整力度，协同发展呈现良好开局，资源环境约束日益凸显，大气、水污染问题突出。未来，把握协同发展、转型升级、又好又快的工作主基调	服务京津冀协同发展；服务清洁能源发展
4	国网冀北电力有限公司	"十二五"期间，加大化解过剩产能和结构调整力度，协同发展呈现良好开局，但资源环境约束日益凸显，大气、水污染问题突出。未来，把握协同发展、转型升级、又好又快的工作主基调	服务可再生能源示范区建设
5	国网山西省电力公司	"十二五"期间，加快发展非煤产业，但经济发展规模不大、结构不优、质量效益不高等矛盾和问题仍然突出。未来，转型升级取得重大进展，京津冀清洁能源供应基地、国家新型综合能源基地和全球低碳创新基地建设取得积极进展	服务京津冀清洁能源供应基地、国家新型综合能源基地和全球低碳创新基地建设
6	国网山东省电力公司	"十二五"期间，"两区一圈一带"区域发展战略深入推进，但存在着经济结构不合理、不协调、不可持续，农村社区基本公共服务的均等化还有较大差距等问题。未来，提高人民生活水平，提升基础设施现代化水平	服务"两区一圈一带"战略；服务基础设施现代化水平提升
7	国网上海市电力公司	"十二五"期间，推动自贸区建设，加快科技创新步伐。未来，形成具有全球影响力的科技创新中心基本框架，基本建成国际经济、金融、贸易、航运中心和社会主义现代化国际大都市	服务社会主义现代化国际大都市建成；服务科技创新

编号	省公司	所在地区的经济社会发展背景与特点	对当地经济社会发展的支持与贡献
8	国网江苏省电力公司	"十二五"期间，创新型省份建设迈出重要步伐，区域创新能力连续7年位居全国首位，先进制造业加快发展，智慧江苏建设深入推进。未来，创新型省份建设取得重要突破，产业竞争力提高，基本公共服务均等化水平明显提升	服务创新引领；服务品质生活；服务"经济强、百姓富、环境美、社会文明程度高"四个方面
9	国网浙江省电力公司	"十二五"期间，经济平稳健康发展和转型升级，科技创新能力大幅提高，城乡一体化持续推进。未来，大力发展高新技术企业和科技型中小微企业，实施浙江"互联网+"行动计划，打造"一带一路"战略桥头堡	服务"互联网+"行动计划，支持大众创业、万众创新
10	国网安徽省电力公司	"十二五"期间，整体进入长三角经济区，形成联动发展、协同共进的新格局，但煤炭、钢铁等产能过剩问题凸显，战略性新兴产业规模不大。未来，建设创新型三个强省，建造更具优势、更有活力、更高水平的三个强省	服务创新型三个强省战略
11	国网福建省电力有限公司	"十二五"期间，持续建设机制活、产业优、百姓富、生态美的新福建。未来，着眼建设互联互通的重要枢纽、经贸合作的前沿平台、体制机制创新的先行区域、人文交流的重要纽带，发挥对台独特优势，拓展闽台合作成果	服务"机制活、产业优、百姓富、生态美"生态省建设战略
12	国网湖北省电力公司	"十二五"期间，"五个湖北"建设全面推进，县域经济发展较快，呈现"总量跨越、质效提升、位次前移"的竞进态势。未来，巩固湖北"高于全国、中部靠前"的势头，加快推动"建成支点、走在前列"进程	服务湖北"建成支点、走在前列"；服务县域经济社会发展
13	国网湖南省电力公司	"十二五"期间，产业结构持续优化，进入转型发展新轨道，基础设施持续夯实。未来，形成"一核三极四带多点"的发展新格局，实施制造强省五年行动计划	服务经济平稳健康发展；服务基础设施建设
14	国网河南省电力公司	"十二五"期间，经济实力大幅提升，农业大省地位更加巩固，但是城镇化水平不高，公共服务水平低。未来，推进四化同步和区域协调发展空间巨大，尤其是传统农区去产能包袱小、发展潜力大，促进中原城市群一体化发展，建设现代农业，推动农业发展方式转变	服务城镇化水平提升；服务农业发展方式转变

续表

编号	省公司	所在地区的经济社会发展背景与特点	对当地经济社会发展的支持与贡献
15	国网江西省电力公司	"十二五"期间，区域经济呈现多极支撑、多元发展新格局，全境纳入国家首批生态文明先行示范区建设，生态优势进一步凸显。未来，始终坚持发挥生态这个突出优势，不断强化绿色发展新理念，提出建设信息江西、法治江西、信用江西、健康江西、美丽江西等目标	服务绿色发展；服务西南水电入赣
16	国网四川省电力公司	"十二五"期间，基础设施水平全面提升，全国最大清洁能源基地地位更加巩固，防灾减灾取得重大成效。未来，弥补民生事业短板、区域城乡短板、生态环境短板，加强"五大经济区"建设	服务"五大经济区"建设；服务公共服务水平提升
17	国网重庆市电力公司	"十二五"期间，谋划实施五大功能区域发展战略，发挥区域比较优势，推动区域互联互通。未来，基本建成长江上游地区经济中心，建设城乡统筹发展的国家中心城市，拓展内陆开放新空间	服务五大功能区域发展战略
18	国网辽宁省电力有限公司	"十二五"期间，持续推进老工业基地振兴战略。未来，扎实推进老工业基地新一轮全面振兴取得重大进展，继续实施三大区域发展战略，构建全方位对外开放新格局，推进蓝天工程，依法加强雾霾治理	服务老工业基地振兴；服务推进煤改电、绿色能源推广等工程
19	国网吉林省电力有限公司	"十二五"期间，坚持推进农业现代化，粮食单产继续位居全国首位，提升开放水平。未来，立足农业大省实际，坚持"四化同步"，加快城乡发展一体化，着力打造长春、吉林大都市圈，启动清洁空气行动计划	服务农业现代化发展；服务清洁能源替代
20	国网黑龙江省电力有限公司	"十二五"期间，油、煤、粮、木四大传统产业领域集中出现负向拉动，连续五年粮食总产量和商品量全国第一。未来，发展动能转换和经济结构调整取得重大成效，"龙江丝路带"建设扎实推进，"三桥一岛"建设取得重大进展，跨境运输通道功能明显提升	服务农业现代化发展；服务基础设施建设
21	国网内蒙古东部电力有限公司	"十二五"期间，工矿业转型升级，由"一煤独大"向产业多元转变，农村牧区基本公共服务水平大幅提升。未来，加强五大基地建设，全面扩大对内对外开放水平，推进中蒙俄经济走廊建设	服务五大基地建设

续表

编号	省公司	所在地区的经济社会发展背景与特点	对当地经济社会发展的支持与贡献
22	国网陕西省电力公司	"十二五"期间，能源化工产业经受考验继续发挥支柱作用，大力实施"治污降霾·保卫蓝天"行动计划。未来，实施关中协同创新、陕北转型持续、陕南绿色循环区域发展总体战略	服务三大区域发展战略；服务清洁能源发展
23	国网甘肃省电力公司	"十二五"期间，深入实施扶贫攻坚行动，推进丝绸之路经济带甘肃段建设。未来，农村贫困人口脱贫是"十三五"时期的"一号"工程，全面加快基础设计建设	服务丝绸之路经济带甘肃段建设；服务基础设施建设；服务农村贫困人口脱贫
24	国网青海省电力公司	"十二五"期间，把握"奋力打造三区、全面建成小康"的战略任务，基础设施建设有较大提升，成为全国最大的光伏发电基地。未来，实现"一个同步"、奋力建设"三区"、打造"一个高地"，农牧区贫困人口脱贫是第一民生工程	服务新能源发展；服务基础设施建设
25	国网宁夏电力公司	"十二五"期间，推动基础设施建设，内陆开放扎实推进，成为全国新能源外送基地。未来，建成辐射西部、面向全国、融入全球的内陆开放示范区、中阿合作先行区和丝绸之路经济带战略支点	服务内陆开放示范区建设
26	国网新疆电力公司	"十二五"期间，社会大局稳定，基础设施日趋完善，把保障和改善民生作为工作出发点和落脚点。未来，解决区域性整体贫困问题，人民生活水平和质量普遍提高	服务基础设施建设；服务民生改善；服务风电等新能源的消纳
27	国网西藏电力有限公司	"十二五"期间，基础设施迈入互联互通新阶段，青藏、川藏电网实现联网，基本解决了农牧区安全饮水、无电地区用电问题，实现藏电外送。未来，全面提速基础设施建设，建成全区统一电网，主电网覆盖所有县城和主要乡镇	服务电力保障；服务"西电东送"接续基地建设

步骤二：理解针对性诉求

通过价值素描，可以对利益相关方可能存在的诉求进行初步判断。在此基础上，进一步了解不同利益相关方的具体诉求，对收集到的素材进行分析、选择，在报告书中进行针对性的信息披露。

方式一：利用企业已有信息，定性分析利益相关方诉求。这些信息的产生不以获取利益相关方诉求为单一目的，是企业日常管理运营过程中积累的信息。这类信息往往来源于一个或多个利益相关方，通过对信息的提取，可以分析、判断出利益相关方的诉求。

企业已有信息的采集与分析

信息采集渠道	涉及的利益相关方	信息采集内容
• 媒体分析报告	• 媒体、公众、用户、政府、社会组织	
• 客服中心电话记录	• 用户	
• 员工诉求中心信息	• 员工	• 政策性信息
• 政府政策文件	• 政府	• 评价性信息
• 政风行风热线	• 政府、公众、用户、社会组织	• 咨询性信息
• 电力监管平台	• 政府	• 投诉性信息
• 供应商管理记录	• 供应商、承建商	• 建议性信息
……	……	……

方式二：通过面对面沟通（参见工具三）、一对一走访等形式，征集意见领袖或群体代表的想法与意见。

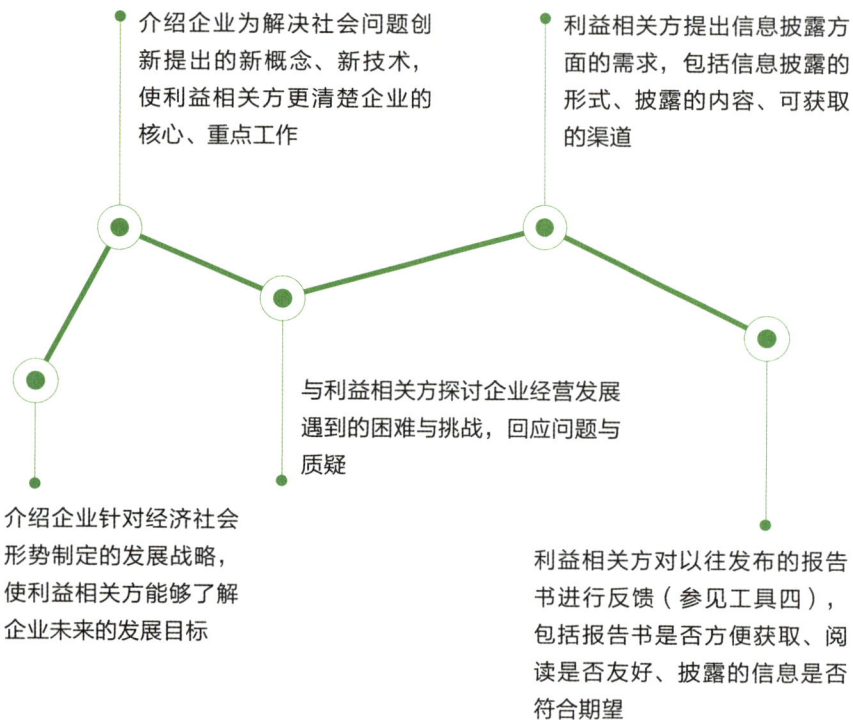

介绍企业为解决社会问题创新提出的新概念、新技术，使利益相关方更清楚企业的核心、重点工作

利益相关方提出信息披露方面的需求，包括信息披露的形式、披露的内容、可获取的渠道

与利益相关方探讨企业经营发展遇到的困难与挑战，回应问题与质疑

介绍企业针对经济社会形势制定的发展战略，使利益相关方能够了解企业未来的发展目标

利益相关方对以往发布的报告书进行反馈（参见工具四），包括报告书是否方便获取、阅读是否友好、披露的信息是否符合期望

与利益相关方面对面沟通内容

工具三：座谈会 / 恳谈会参考议程
工具四：利益相关方意见反馈调查表

确定报告书的类型

梳理各类利益相关方关注的议题，从议题集中度、利益相关方活跃度两个维度进行判断（参见工具五），确定报告书的类型。

议题型

多个利益相关方对新能源发展、特高压、电能替代等某一专项议题关注度高，同时该议题对企业发展的影响程度较高

利益相关方型

某一类利益相关方对企业发展影响程度较高，而且对企业的关注议题多

综合型

利益相关方关注的议题较多且比较分散，同时企业希望对自身社会责任进行整体梳理和展现

工具五：
报告书选型分析方法

拟定报告书主题

在确定报告书的类型后，可以从以下三个方面思考，拟定报告书主题。

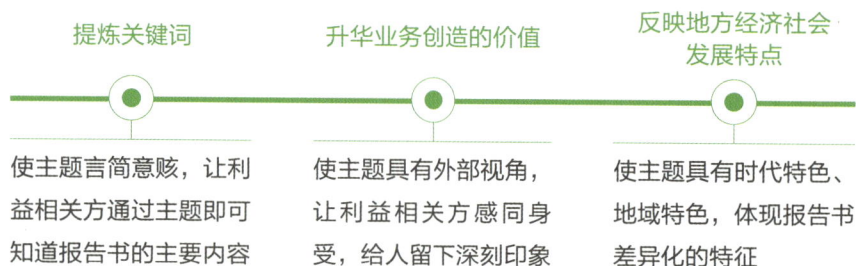

提炼关键词	升华业务创造的价值	反映地方经济社会发展特点
使主题言简意赅，让利益相关方通过主题即可知道报告书的主要内容	使主题具有外部视角，让利益相关方感同身受，给人留下深刻印象	使主题具有时代特色、地域特色，体现报告书差异化的特征

案例剖析

《创新点亮品质生活 2020——国网江苏电力服务地方经济社会可持续发展白皮书》主题

扫描二维码获取该报告书

国网江苏电力 2016 年发布的白皮书主题是"创新点亮品质生活"，其中四个关键词让利益相关方快速、全面了解到这本报告书讲述的是国网江苏电力的创新带给生活的变化。"创新"既呼应了十八届五中全会提出的五大发展理念，也是对江苏区域创新能力连续 7 年位居全国首位的肯定，同时体现了公司"创新"推动"两个转变"的发展思路；"点亮"体现了公司鲜明的行业特性和服务属性；"品质"是对江苏省未来"强、富、美、高"发展目标的具体解读，也反映了公司从质量到品质的发展方向；"生活"体现了国网江苏电力以外部视角描述电网对社会、公众的影响，与"品质"搭配，能够使利益相关方对未来生活产生美好期待。这一报告的主题表达，升华了公司业务的价值，引起了利益相关方的共鸣；总结了江苏省的经济社会发展特点之———创新，对以往"点亮美好生活"的主题进行了升级，体现了主题的时代特色、地域特色。

收集资料与深度调研

根据确定的定位与选题，进行针对性、系统性的资料收集，并通过深度调研加强对资料的深入理解，从中提取能够反映业务价值、回应利益相关方诉求的信息，应用于报告书撰写。

收集资料

提高资料收集的高效性与有效性

从企业内外部视角，多渠道收集涉及企业履责实践、计划等内容的写作素材，以及可供参考的写作背景信息、同业报告书等

收集写作素材

整理归类资料

注明资料的来源、出处，从时间、内容等，确保资料的可追溯性（参见工具六）

🔧 **工具六：资料清单**

内部文件资料

了解企业年度主要工作、亮点工作。资料包括企业、业务发展规划和计划及部门工作总结、核心业务工作总结、重大项目或活动总结、企业内网新闻、企业微信公众号文章等

图片资料

丰富企业履责实践的视觉表达。资料包括日常新闻图片、主题拍摄图片、企业内部征集图片等

地方政府资料

了解国家及地方政府的政策、发展规划。资料包括地方政府工作报告、地方政府发展规划、地方政府领导重要讲话等

媒体报道

了解外部利益相关方对企业的关注点。资料包括外部媒体对企业的宣传报道等

行业资料

了解电力行业前沿创新理念、电力行业可持续发展机遇和挑战、同行履行社会责任的普遍做法和亮点实践。资料包括电力行业研究报告、同行报告书等

资料种类与来源

为了保证资料的质量，提高资料收集精确性，应该注重搜集具有实质性、表现性、印象性等特征的资料。

实质性

与企业发展战略、重点工作密切相关，同时能够呼应利益相关方关注点

印象性

- 对企业经营管理有深远影响
- 能够为生产生活带来明显变化
- 能够让读者产生记忆

表现性

- 记录利益相关方评价
- 能够反映利益相关方态度
- 能够还原实质性、印象性实践场景

精准性资料的特征

深度调研

为了将资料有效应用到报告书撰写中，需要通过深度调研，加强对文字资料的分析与理解。深度调研主要有实地走访和访谈两种形式（参见工具七）。

深度调研的对象与内容

	目的	内容
访谈	**理性探究：**获取对企业战略、履责实践、履责计划的认识，深入事实内部，了解事件的前因后果，能够更多地从企业自身角度看待社会责任	**与高层领导沟通：** • 供电企业履行社会责任的必要性与重要性 • 企业发展、电网发展与经济社会发展的相互影响 **与部门负责人沟通：** • 年度重点、亮点工作介绍 • 利益相关方驱动型的内部管理创新 • 与利益相关方的协同合作机制
实地走访	**感性体验：**对重要事件发生地、项目所在地进行走访，将扁平的文字转化为立体化的观察，获取直观感受，体会履责实践的影响力、产生的价值，可以获取更多的细节信息，能够更多地从利益相关方角度看待社会责任	**与基层员工沟通：** • 具体工作和项目的实施情况 • 实施过程中与哪些利益相关方建立了联系，对其产生了何种积极影响 • 利益相关方对具体工作和项目的评价与反馈

工具七：访谈提纲参考模板

内容构成与搭建框架

通过对已收集资料进行分析与理解，选定报告书应该包含的内容，并搭建能够反映企业自身特色的报告书框架，将这些内容有逻辑、有层次地呈现出来。

内容构成

报告书的内容一般可以由以下模块组合而成，即致辞／前言、企业概况、发展战略、履责实践与绩效、履责计划与行动、履责承诺与目标。其中，履责实践与绩效或履责行动与计划是报告书必须包含的核心内容模块。

一般作为报告书的开篇内容，介绍供电企业的可持续发展背景、社会责任理念、重要履责实践等，使读者对企业的眼界、胸怀形成一个总体印象

向社会各界公开承诺下一年度（阶段）所要达成的工作目标，证明供电企业对于社会责任是有目标、有计划、有改进的持续性管理，表达企业履责的意愿和决心

阐述供电企业在可持续发展战略框架下将要采取的重大行动与主要措施，使读者建立起对企业发展后劲的正向预期，以及对企业发展的信任和信心

介绍供电企业的主营业务、业务规模、主要业绩等，使读者对企业有概括性的认识和了解

展示供电企业回应可持续发展趋势、应对风险与机遇，所做出的战略性工作部署，让读者看到企业对可持续发展的理解与把握，以及促进社会可持续发展的责任担当

供电企业服务地方经济社会发展或围绕某项责任议题开展的行动、取得的成果，使读者了解企业对以往承诺与目标的兑现情况

报告书的内容模块

- 致辞／前言
- 企业概况
- 发展战略
- 履责实践与绩效
- 履责计划与行动
- 履责承诺与目标

案例剖析　**致辞/前言**

总经理致辞

用电服务社会，责任创造价值。"十二五"期间，国网浙江省电力公司恪守"你用电、我用心"理念，认真学习贯彻习近平总书记系列重要讲话精神和考察浙江时的重要指示，紧紧围绕浙江省委、省政府"适应经济发展新常态、打好转型升级组合拳、统筹推进经济社会发展"的决策部署，深入践行社会责任，开拓创新，主动作为，致力于为浙江经济社会发展提供"安全电、可靠电、清洁电、友好电、智能电"，努力实现经济、社会、环境综合价值最大化。

我们致力于为富民强省提供支撑，努力建设浙江能源互联网，为浙江发展提供安全可靠能源保障。

我们致力于为和谐社会尽责尽力，努力践行企业公民责任，为浙江发展贡献和谐共建品质力量。

我们致力于为生态浙江增光添彩，努力推进"两个替代"工作，为浙江发展提供绿色能源战略支撑。

肖世杰
国网浙江省电力公司总经理
2016年3月

《国网浙江省电力公司2015服务浙江经济社会发展白皮书》内容截取

国网浙江电力选择以总经理致辞作为白皮书开篇。

致辞首先阐述了浙江省委省政府在"十二五"期间提出的"适应经济发展新常态、打好转型升级组合拳、统筹推进经济社会发展"发展目标，国网浙江电力以"安全电、可靠电、清洁电、友好电、智能电"的公司发展战略对其进行回应和落实。

致辞主体部分从经济、社会、环境三个方向，总结了"十二五"期间国网浙江电力在统筹电网协调发展、创新智能电网发展、保障安全可靠供电、服务经济转型升级、提升服务水平、助力城乡统筹发展和推进"两个替代"方面的履责实践，并通过披露关键数据绩效凸显履责成果。

致辞的最后部分，披露了"十三五"发展战略，以及对各利益相关方的承诺，让读者对国网浙江电力的"十三五"发展有一个整体性了解和积极预期。

扫描二维码
获取该报告书

案例剖析　企业概况

关于我们

公司概况

深圳供电局成立于 1979 年，2012 年初正式注册为深圳供电局有限公司，作为南方电网公司直接管理的全资子公司，承担着深圳市（蛇口除外）1952.84 平方公里 295.4 万用户的供电任务，是全国供电负荷密度最大、供电可靠性领先的特大型城市电网。2015 年深圳电网累计供电量 779.17 亿千瓦时，同比增长 2.55%；最高负荷 1559.68 万千瓦，同比增长 2.22%，创历史新高 2 次；第三方客户满意度为 85，供电服务在全市 40 项公共服务中公众满意度连续五年排名第一。

供电量	110 千伏及以上变电站
779.17 亿千瓦时	**224** 座

拥有客户	110 千伏及以上输电线路
295.4 万户	**4228** 千米

《2015 深圳供电局有限公司社会责任实践》内容截取

在《2015 深圳供电局有限公司社会责任实践》中，"企业概况"内容模块清晰地阐述了深圳供电局建设和运营电网的业务属性，回答了"企业是做什么的"这样一个基础而重要的问题。报告书通过供电量、变电站、供电客户数量、输电线路长度等生产运营数据勾勒出了深圳供电局的规模体量，还通过公共服务满意度排名展现外界对于深圳供电局的评价、认可。这些信息有助于读者更好地理解具有深圳供电局特色的履责理念和实践。

扫描二维码
获取该报告书

案例剖析 发展战略

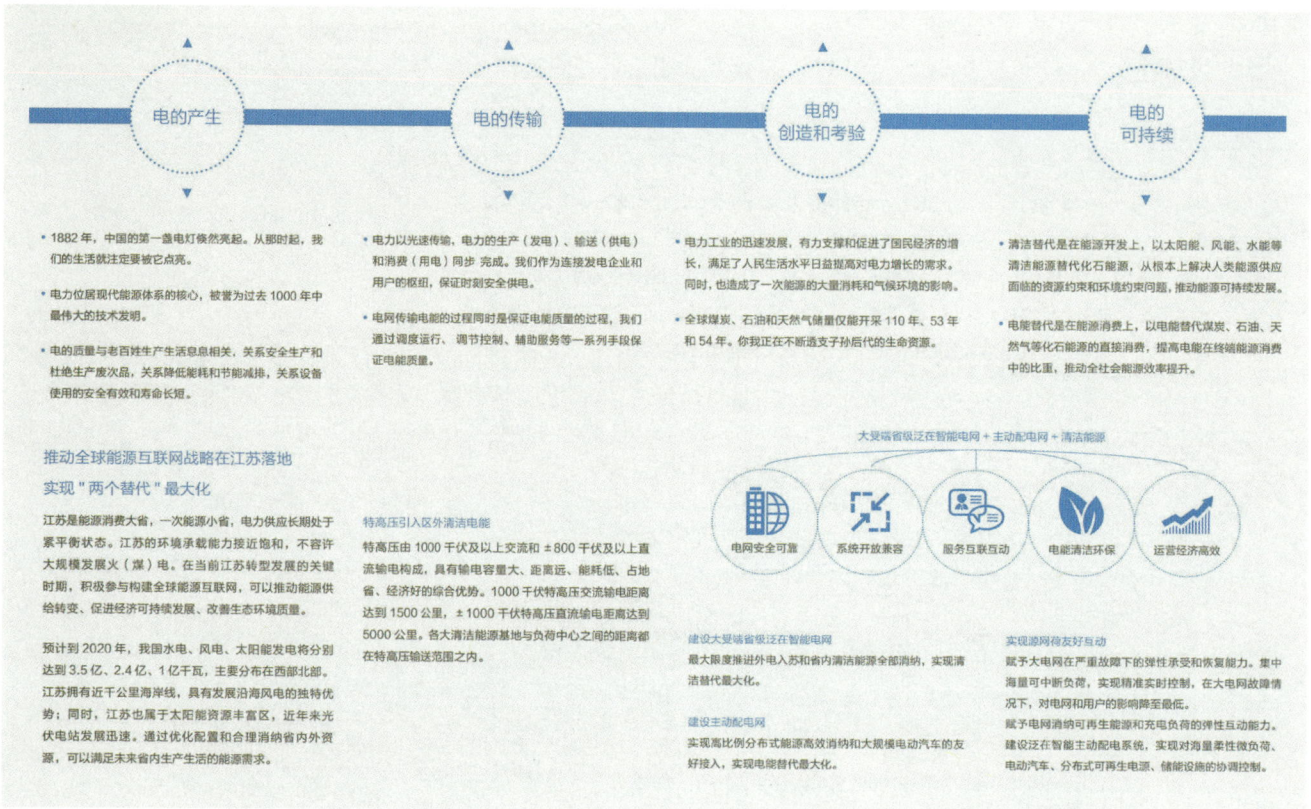

电的产生　　　电的传输　　　电的创造和考验　　　电的可持续

- 1882 年，中国的第一盏电灯倏然亮起。从那时起，我们的生活就注定要被它点亮。
- 电力位居现代能源体系的核心，被誉为过去 1000 年中最伟大的技术发明。
- 电的质量与老百姓生产生活信息相关，关系安全生产和杜绝生产废次品，关系降低能耗和节能减排，关系设备使用的安全有效和寿命长短。

推动全球能源互联网战略在江苏落地
实现"两个替代"最大化

江苏是能源消费大省，一次能源小省，电力供应长期处于紧平衡状态。江苏的环境承载能力接近饱和，不容许大规模发展火（煤）电。在当前江苏转型发展的关键时期，积极参与构建全球能源互联网，可以推动能源供给转变、促进经济可持续发展、改善生态环境质量。

预计到 2020 年，我国水电、风电、太阳能发电将分别达到 3.5 亿、2.4 亿、1 亿千瓦，主要分布在西部北部。江苏拥有近千公里海岸线，具有发展沿海风电的独特优势；同时，江苏也属于太阳能资源丰富区，近年来光伏电站发展迅速。通过优化配置和合理消纳省内外资源，可以满足未来省内生产生活的能源需求。

- 电力以光速传输，电力的生产（发电）、输送（供电）和消费（用电）同步 完成。我们作为连接发电企业和用户的枢纽，保证时刻全时供电。
- 电网传输电能的过程同时是保证电能质量的过程，我们通过调度运行、调节控制、辅助服务等一系列手段保证电能质量。

特高压引入区外清洁电能

特高压由 1000 千伏及以上交流和 ±800 千伏及以上直流电网构成，具有输电容量大、距离远、能耗低、占地省、经济好的综合优势。1000 千伏特高压交流输电距离达到 1500 公里，±1000 千伏特高压直流输电距离达到 5000 公里，各大清洁能源基地与负荷中心之间的距离都在特高压输送范围之内。

- 电力工业的迅速发展，有力支撑和促进了国民经济的增长，满足了人民生活水平日益提高对电力增长的需求。同时，也造成了一次能源的大量消耗和气候环境的影响。
- 全球煤炭、石油和天然气储量仅能开采 110 年、53 年和 54 年。你我正在不断透支子孙后代的生命资源。

大受端省级泛在智能电网 + 主动配电网 + 清洁能源

电网安全可靠　系统开放兼容　服务互联互动　电能清洁环保　运营经济高效

建设大受端省级泛在智能电网

最大限度推进省外电入苏和省内清洁能源全部消纳，实现清洁替代最大化。

建设主动配电网

实现高比例分布式能源高效消纳和大规模电动汽车的友好接入，实现电能替代最大化。

- 清洁替代是在能源开发上，以太阳能、风能、水能等清洁能源替代化石能源，从根本上解决人类能源供应面临的资源约束和环境约束问题，推动能源可持续发展。
- 电能替代是在能源消费上，以电能替代煤炭、石油、天然气等化石能源的直接消费，提高电能在终端能源消费中的比重，推动全社会能源效率提升。

实现源网荷友好互动

赋予大电网在严重故障下的弹性承受和恢复能力。集中海量可中断负荷，实现精准实时控制，在大电网故障情况下，对电网和用户的影响降到最低。
赋予电网消纳可再生能源和充电负荷的弹性互动能力。
建设泛在智能主动配电系统，实现对海量柔性微负荷、电动汽车、分布式可再生电源、储能设施的协调控制。

《创新点亮品质生活 2020——国网江苏电力服务地方经济社会可持续发展白皮书》内容截取

在白皮书"可持续的电与电网"章节，国网江苏电力对发展战略进行了阐述。首先分析了可持续发展背景，从全球视角讲述了能源短缺、电力工业对环境气候的影响，并分析了江苏省经济社会发展面临的能源、环境挑战，即能源消费大省、一次能源小省，电力供应长期处于紧平衡状态，环境承载能力接近饱和。

在这样的可持续发展背景下，国网江苏电力详细阐述了为应对能源发展挑战所制定的发展战略，即"推动全球能源互联网战略在江苏落地"——通过推动全球能源互联网的构建，推进能源变革，呼应全球可持续发展挑战；通过推动全球能源互联网战略在江苏的落地，满足江苏省的能源需求，呼应江苏省可持续发展挑战。

白皮书中还阐释了国网江苏电力"推动全球能源互联网战略在江苏落地"的战略内涵，即建设大受端省级泛在智能电网、建设主动配电网、实现源网荷友好互动，同时使用了"电网安全可靠""系统开放兼容""服务互联互动""电能清洁环保""运营经济高效"五个利益相关方可感知、可理解的词语对公司战略特性进行解读。

案例剖析　履责实践与绩效

20/20 可持续发展承诺	进展情况	为什么设立该承诺	已完成工作	未来 2~3 年工作
年均燃料效率提升 2%	→	为了满足并超过行业的 1.5% 平均承诺，降低燃料的成本和排放量	国泰对机队更新投入了巨大投资。于 2014 年交付接收了 16 架新飞机，包括 9 架波音 777-300ER，5 架空客 A330-300 和 2 架空客 A321-200。同时，淘汰了 6 架波音 747-400 客机	国泰将继续接收新飞机，淘汰燃料效率较低的飞机。截至 2014 年 12 月 31 日，已经订购的 79 架新飞机确认将于 2024 年之前完成交付收货。计划于 2015 年，完成 9 架新飞机的交付接收工作
制定一项具有成本效益的战略，将可持续航空燃料纳入企业运营	√	为了制定可替代燃料战略，作为公司适应性战略的组成部分	于 2011 年任命了一名专职负责生物燃料领域的经理；于 2014 年投资了一座位于美国的废弃物再生生物燃料生产设施	持续推进多个项目，包括与技术合作伙伴进行燃料可行性研究

注：√ 已经完成　→ 正在进行　| 未完成

《国泰航空可持续发展报告 2014》内容截取

国泰航空在报告中对履责实践与绩效进行描述时，呼应了以往制定的措施与目标。国泰航空在 2012 年制定了落实可持续发展战略的 20 项措施与目标，在 2014 年详细披露了这 20 项措施与目标的完成情况。利益相关方可以通过不同的符号直观地看出计划的措施、指标是否完成。

扫描二维码
获取该报告书

展望 2015

2015 年是深化改革攻坚年、依法治国开局年、"十二五"收官年，公司将深入落实湖北省委省政府及国家电网公司的决策部署，勇于担当、克难奋进，主动适应经济社会发展新常态，坚持依法治企、加快电网发展，为湖北县域经济社会发展作出新贡献，创造无愧于时代的业绩。

3.1 电网投资

根据省政府与国家电网公司签署的《湖北省人民政府 国家电网公司战略合作框架协议》

- 2015～2020 年，国家电网公司计划加快湖北省农村电网建设，六年农网总投资超过 600 亿元（含中央预算内投资、国家电网公司自筹资本金投资、省政府投资及配套银行贷款）。
- 前三年加大投入，基本消除农村电网"低电压"问题。湖北省政府每年安排 10 亿元支持农网建设，其他资金由国家电网公司统筹解决。
- 湖北省人民政府支持将农村供电设施布局规划纳入重要基础设施规划，保障规划的顺利实施。

3.2 管理提升

农网升级改造重要举措

成立省政府及各地市政府农网建设与改造办公室（挂靠省能源局及各地市发改委），督导、指导湖北省配电建设与改造。

下发《国网湖北省电力公司关于全面加快农村配电网发展的意见》（鄂电司办〔2015〕1 号）。深刻认识全面加快农村配电网发展的重大意义、目标任务，布署全面加快农村配电网发展的各项工作。

成立农村配电网建设改造领导小组，下设工程管理办公室和监督考核办公室。各地市公司相继成立配电网建设与改造办公室（农网办），分工合理、密切协同的农网建设管理体系高效运转。

先后出台《中低压配电网规划指导意见》《中低压配电网规划建设改造指导意见》《配电网投

3.3 优质服务

破解"低电压"问题 激发用电潜能

计划解决 1.5 万个低电压台区，惠及 30 多万用户。规范中压电网结构，合理选择配变容量，导线截面一次到位，避免重复改造。根据目标网架，遵循资产全寿命周期成本最小原则，统筹兼顾，远近结合进行建设和改造。

3.5 公益扶贫

国家电网公司实施"三县一区"定点扶贫项目 23 个使用定点扶贫资金 1200 万元 ➜ 扶贫资金在 2014 年每县每年 200 万元的基础上，增加到每县每年 300 万元集中力量解决供电和饮水安全问题

3.4 绿色环保

预计外购电量 60 亿千瓦时，相当于减少湖北省境内燃烧标煤 270 万吨。减少二氧化碳排放 500 万吨，二氧化硫排放 23700 吨，氮氧化物排放 5700 吨，粉尘排放 160 万吨

01

02 科学安排省内水电计划，2015 年计划购水电 430 亿千瓦时

服务新能源发展，力争全年完成新能源并网项目 12 个，装机容量 77.45 万千伏安

03

04 优化火电机组发电组合，优先安排热电联产和综合利用机组发电，常规火电机组中优先安排高容量、高效率、低排放的大机组发电，促进节能减排

配合政府做好小火电淘汰关停工作，计划全年完成 13 个小火电厂关停，关停容量 25.8 万千伏安

05

06 大力开展节能服务工作，计划完成年节约电力 24 万千瓦，年节电量 10 亿千瓦时

《服务湖北县域经济社会发展白皮书 2014》内容截取

国网湖北电力一方面考虑到当地经济社会发展的需求，另一方面响应国家电网公司的战略部署，在白皮书中从"电网投资""管理提升""优质服务""绿色环保""公益扶贫"五个方面披露了为县域发展提供电力保障将要采取的行动方案、预期目标，反映出国网湖北电力已将社会责任纳入公司计划管理。

扫描二维码获取该报告书

国网山东电力在白皮书中，围绕电力供应、企业管理、用户服务、员工四个方面，对外公开公司未来发展方向，提出了"四个'最好'"的承诺与目标，并对每一个"最好"进行解读，使这些承诺与目标可操作、可衡量、可监督。国网山东电力通过定量指标的形式对履责承诺与目标进行呈现，展示了公司达成目标的决心，更体现了公司公开透明、自觉接受利益相关方监督的开放姿态。

扫描二维码
获取该报告书

《国网山东省电力公司服务山东经济社会发展白皮书 2016》内容截取

搭建框架

报告书的内容模块经选择、组合后，在框架上一般呈现为开篇、核心篇、尾篇三个部分。其中核心篇内容丰富，是报告书的主体部分。报告书的框架搭建应主要围绕核心篇展开，增强核心篇表达的逻辑性，易于读者解构核心篇的内容。

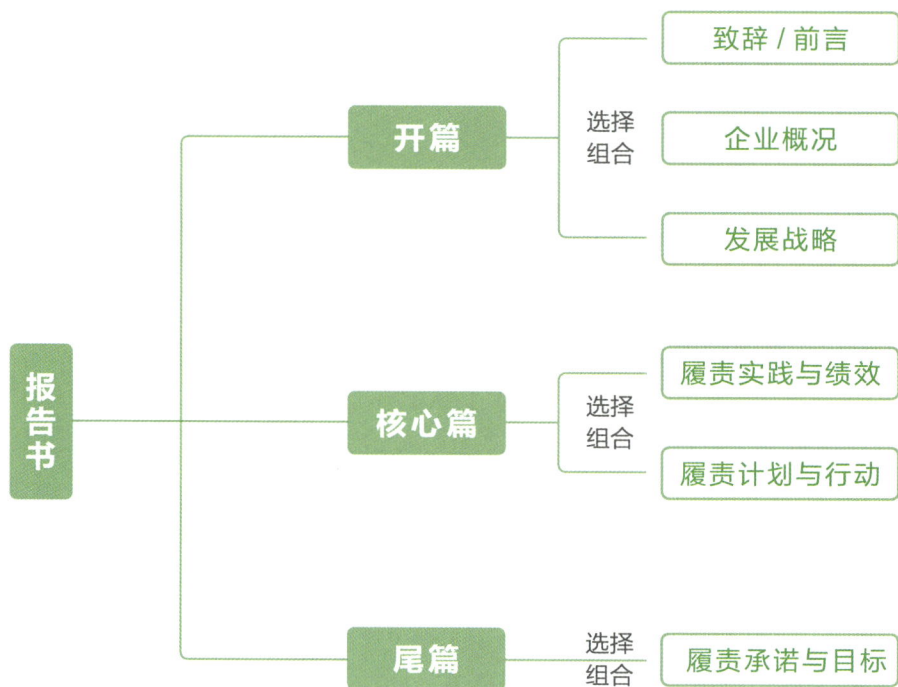

```
                              ┌─── 选择 ──── 致辞 / 前言
                    ┌── 开篇 ──┤  组合  ──── 企业概况
                    │         └──────────── 发展战略
                    │
          报告书 ────┼── 核心篇 ─── 选择 ──── 履责实践与绩效
                    │           组合  ──── 履责计划与行动
                    │
                    └── 尾篇 ──── 选择 ──── 履责承诺与目标
                                  组合
```

确定核心篇的逻辑体系

参考经济环境社会"三重底线"理论、责任"金字塔"理论、GB/T 36000—2015《社会责任指南》、ISO 26000:2010《社会责任指南》等社会责任理论框架，并结合企业的战略定位与发展规划，将企业对社会责任的理解、重要的履责实践与计划嵌入进去，形成核心篇的逻辑体系。逻辑体系较为常见的形式有：呼应政府战略型、三重底线型、议题型、利益相关方型等。

核心篇的逻辑体系形式与内容构建

逻辑体系形式	内容构建
呼应政府战略型	• 解读政府政策性文件，明确地方发展战略、发展目标以及政府重点工作方向。 • 建立起政府的战略部署与供电企业的专业工作之间的联系。

政府的战略部署	供电企业的专业工作	
促进经济增长	• 建设坚强电网 • 提供可靠供电	• 保障安全生产 ……
协调区域经济	• 城乡供电一体化 • 农电安全管理	• 农网改造升级 ……
优化公共服务	• 保障性民生工程 • 开展对口帮扶	• 参与社会公益慈善 ……
建设生态文明	• 清洁替代 • 绿色施工	• 电能替代 • 参与环保公益　……
提升创新能力	• 提升科研管理水平 • 合作推进技术发展	• 推动科技成果转化 ……
法治社会建设	• 依法合规经营 • 强化作风建设	• 依法从严治企 ……
……	……	

• 介绍企业的各项履责实践，展示电网建设与运营在地方发展中的定位与角色。
• 总结企业服务地方发展的绩效与价值，展现企业对政府重点工作方向的回应与落实程度，以及对地方经济社会发展的贡献。
• 回应政府重点工作的长期目标，设定企业履责计划与行动、履责承诺与目标，展示企业对自身经营管理工作的规范和提升，以及未来发展的方向和空间。

逻辑体系形式	内容构建
三重底线型 （经济、环境、社会）	• 识别供电企业专业工作产生的经济、环境、社会影响（包括正面和负面影响），以及企业对其影响所承担的责任。 • 梳理企业管理自身经济、环境、社会影响的方式与实际行动，披露企业创造和增加正面影响、控制和减少负面影响的各类履责实践。 （见下表） • 披露企业对各类影响进行管理的成果，总结企业创造的经济、环境、社会三重综合价值。 • 考量企业未来对经济、环境、社会可能产生的影响及需要承担的责任，设定企业履责计划与行动、履责承诺与目标，展示企业追求综合价值最大化的持续努力和改进。

供电企业专业工作产生影响的类别	供电企业的专业工作
经济影响	• 建设坚强电网 • 保障安全生产 • 提供可靠供电 • 支持重大项目建设 ……
环境影响	• 清洁替代 • 电能替代 • 绿色施工 • 参与环保公益 ……
社会影响	• 保障供电优质服务 • 推动三农建设 • 促进员工成长与发展 • 参与社会公益慈善 ……
……	……

续表

逻辑体系形式	内容构建
议题型	• 识别供电企业专业工作涉及的社会责任议题。基于供电企业的行业特性和核心社会功能，筛选出对企业具有实质性的议题，即对经济、社会和环境可持续发展有重要影响的，对利益相关方有重要影响并受到利益相关方广泛关注的，与企业有密切关联、受到企业影响或给予企业影响的议题。 • 对识别出的社会责任议题进行归纳、分类，梳理企业对各议题的管理策略与实际行动。

议题	供电企业的专业工作
科学发展	• 优化电网资源配置 • 协调发展各级电网 • 推进智能电网发展 ……
全球视野	• 加快"一带一路"沿线电力合作 • 推进全球能源合作机制的建立 • 联合开展国际技术攻关 • 积极参与国际标准制定 ……
卓越管理	• 加快"两个转变" • "三集五大"体系提升运营效率 • 推进管理创新 ……
安全供电	• 落实各级安全责任 • 开展安全检查和隐患整治 • 提升应急处置能力和水平 ……
服务三农	• 城乡供电一体化 • 农网改造升级 • 农电安全管理 ……
优质服务	• 提升 95598 服务品质 • 保障用户放心用电 • 保护客户信息安全 ……

逻辑体系形式	内容构建	
	议题	供电企业的专业工作
	员工发展	• 保障员工基本权益 • 完善员工培训体系 • 保障员工健康与安全 ………
	伙伴共赢	• 推进建设电力交易平台 • 推进责任采购 • 保护知识产权 • 合作推进重大技术攻关 ………
	科技创新	• 提升科研管理水平 • 推动科技成果转化 • 合作推进技术发展 ………
议题型	环保低碳	• 清洁替代 • 电能替代 • 绿色施工 • 参与环保公益 ………
	企业公民	• 开展员工志愿服务 • 参与社会公益慈善 • 开展对口帮扶 • 援疆援藏 ………
	………	………

• 披露议题管理策略的实施成果，总结社会责任议题管理的绩效与价值。
• 考量与供电企业专业工作相关的社会责任议题的发展趋势，设定企业履责计划与行动、履责承诺与目标，展示企业持续提升议题管理水平的努力与决心。

续表

逻辑体系形式	内容构建

- 建立起利益相关方各类诉求与供电企业专业工作之间的联系，通过电网建设与运营工作积极回应利益相关方诉求。

利益相关方	主要期望	供电企业回应方式
政府、监管机构及上级单位	• 依法合规经营 • 服务国家与地方发展战略 • 保持信息畅通透明 ………	• 建设坚强电网 • 实施重大保电活动 • 建立信息专报制度 • 接受监管考核 ………
用户	• 提供优质供电服务 • 供电信息政策透明 • 畅通的沟通渠道 ………	• 保障用户放心用电 • 保护用户信息安全 • 提升 95598 热线服务品质 ………
员工	• 健康安全的工作环境 • 良好的职业发展空间 • 民主管理 ………	• 建立员工健康与安全管理制度 • 完善员工培训体系 • 建立职工代表大会 ………
伙伴	• 诚实守信 • 规范运作 • 平等互利 • 合作共赢 ………	• 推进建设电力交易平台 • 推进责任采购 • 知识产权保护 • 合作推进重大技术攻关 ………
环境	• 减少环境负面影响 • 提升环保意识与能力 ………	• 清洁替代 • 电能替代 • 绿色施工 • 参与环保公益 ………

利益相关方型

续表

逻辑体系形式	内容构建		

利益相关方	主要期望	供电企业回应方式
社区	• 优质的公共服务 • 积极参与社区活动 ……	• 开展安全、节约、科学用电宣传 • 开展员工志愿服务 • 参与社会公益慈善 • 开展对口帮扶 ……
媒体	• 保持信息畅通透明 • 强化社会沟通 ……	• 召开新闻发布会 • 开展社区记者宣传服务 ……
……	……	……

逻辑体系形式：利益相关方型

• 披露企业履责实践对利益相关方诉求的回应程度，总结企业为利益相关方创造的价值。
• 设定企业履责计划与行动、履责承诺与目标，展示企业在满足利益相关方现有诉求基础上，具备对利益相关方诉求进行前瞻性预判的能力，以及超越利益相关方期望、为其创造价值的意愿。

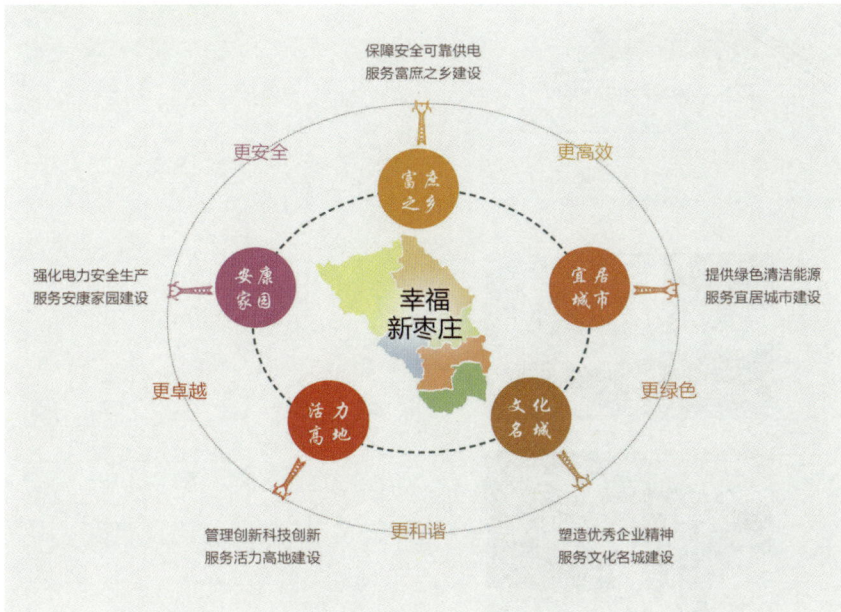

《国家电网山东枣庄供电公司服务枣庄经济社会发展白皮书》内容截取

该白皮书核心篇采用了呼应政府战略型的逻辑体系，针对枣庄市政府在2012年政府报告中提出的"致力于建设富庶之乡、宜居都市、文化名城、活力高地、安康家园的幸福新枣庄"目标，提出五项关键行动计划对接政府战略，即"保障安全可靠供电""提供绿色清洁能源""塑造优秀企业精神""管理创新科技创新""强化电力安全生产"，并使用"更高效""更绿色""更和谐""更卓越""更安全"进行提炼概括，在统领全文的同时突出了国网枣庄供电公司为地方经济社会发展做出的贡献。

扫描二维码
获取该报告书

您的关注

利益相关方的关注

- 24小时用电保障　　　　　（P17-22）
- 方便快捷的供电服务　　　（P24-25）
- 电网安全稳定运行　　　　（P27-32）
- 提升科技创新能力　　　　（P35-36）

电力供应

经济绩效

利益相关方的关注

- 企业运营更加高效　　　　（P59-61）
- 推进信息化建设　　　　　（P62）
- 杜绝商业腐败　　　　　　（P64）

我们的行动

利益相关方的关注

- 更多使用清洁能源
- 电力设施更加绿色环保
- 减少供电环节的电能损耗
- 提供更多绿色节能服务

绿色环保

社会和谐

利益相关方的关注

- 解决农村用电突出问题
- 保育少数民族文化
- 深入社区开展活动

扫描二维码
获取该报告书

《中国南方电网 2015 企业社会责任报告》内容截取

中国南方电网公司在 2015 年社会责任报告核心篇中，采用了三重底线型的逻辑体系。其中，"电力供应""经济绩效"对应的是企业专业工作产生的经济影响，"绿色环保"对应的是环境影响，"社会和谐"对应的是社会影响。在这个逻辑体系中，中国南方电网公司不仅识别了企业专业工作产生的影响，还梳理了企业管理自身经济、环境、社会影响的方式与履责实践。例如，在"绿色环保"篇章中，报告展现了中国南方电网公司通过"清洁能源""绿色电网""绿色运营""传播绿色"等履责实践来推动电力行业绿色转型，建设美丽中国。

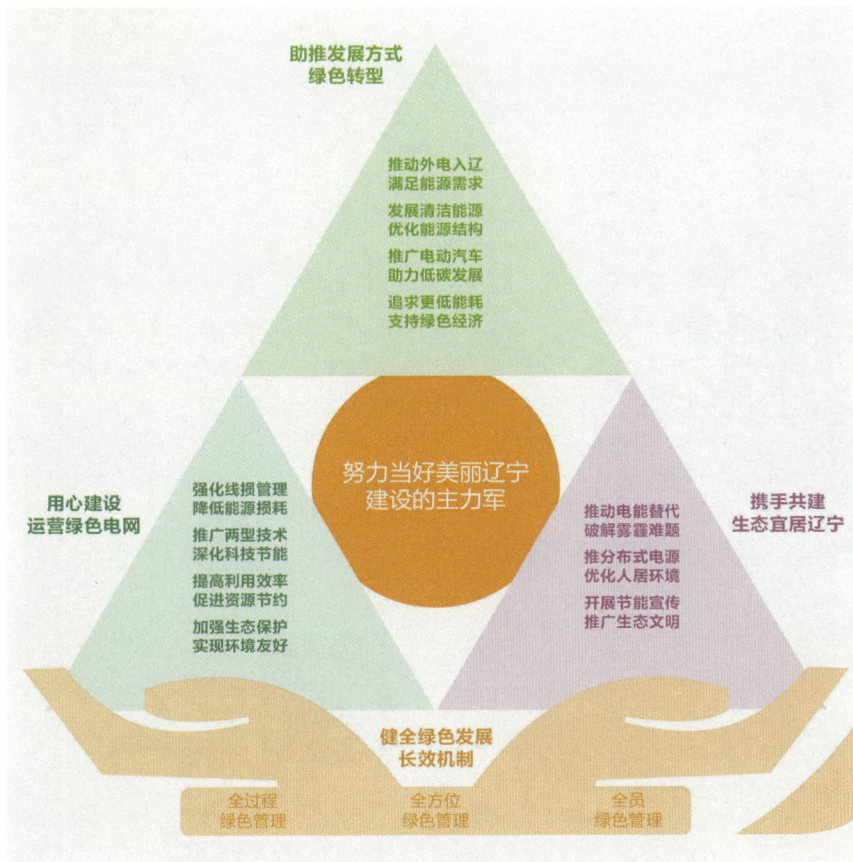

《国网辽宁省电力有限公司绿色发展白皮书》内容截取

扫描二维码，
获取该报告书

国网辽宁电力在绿色发展白皮书中，使用了议题型的逻辑体系。国网辽宁电力分析了美丽中国建设的宏观背景与辽宁省的能源发展特点，依据《辽宁生态省建设规划纲要（2006-2025）》，结合国家电网公司绿色发展战略，分析出发展方式绿色转型、绿色电网、绿色发展长效机制、生态宜居辽宁等四个主要议题，并且对四个主要议题分解出子议题。在每个子议题下，详细阐述了国网辽宁电力推进绿色发展的战略、履责实践与绩效、履责计划与行动、履责目标与承诺。

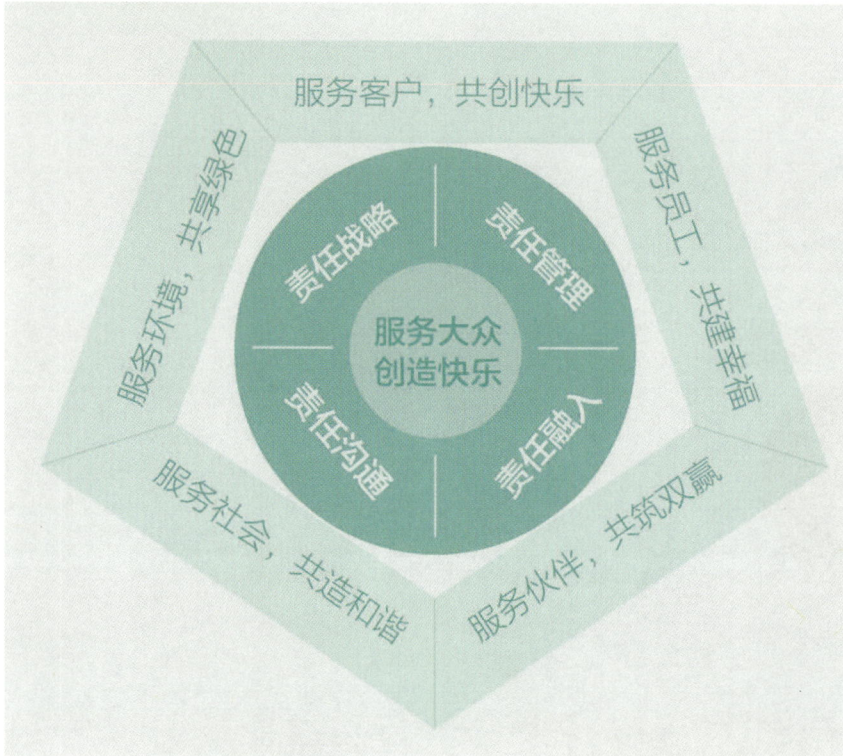

《中国港中旅集团公司企业社会责任报告 2015》内容截取

扫描二维码
获取该报告书

港中旅集团在企业社会责任报告中使用了利益相关方型的逻辑体系，从利益相关方的角度梳理了港中旅集团履行社会责任的理念、措施和成效，报告围绕客户责任、员工责任、伙伴责任、社区责任、环境责任展开，并使用"快乐""幸福""双赢""和谐""绿色"对每一类利益相关方的履责目标和价值进行了提炼表达。

将内容模块标题化

在确定报告书包含的模块后，需要将收集的资料与深度调研后挑选出的重要信息，分别归入各模块下，并分析这些信息的核心表达，将其以标题的形式总结、提炼出来（拟定标题可参见P89"精致的文字描述"章节）。一般先拟定一级和二级标题。待到撰写环节，根据内容表达的需要，可进一步拟定三级或四级标题。

确定开篇、尾篇的内容模块

一般而言，致辞／前言、企业概况、发展战略模块属于开篇，这几个内容模块是对企业整体情况的描述，且对其他内容模块起到引领作用，是读者更好理解其他内容模块的基础和前提。履责承诺与目标模块则属于尾篇，从时间上看，是对未来将要发生的事情的描述，比较符合读者的阅读顺序。

撰写与设计

在框架搭建完成后，需要从内容和形式上进行丰富和完善，通过具体的描述、配以形象的设计，使报告书在内容上能够向读者传递准确、全面的信息，在形式上提升读者的阅读体验。

撰写

由于撰写工作需要由多人协同完成，因此需要以某一章节为示范，明确章节的行文逻辑、内容的详略程度等，要求所有撰写者按照统一模式撰写所有章节，保证全文风格的统一。

- 企业所在地的政府规划等政策环境
- 宏观经济社会可持续发展趋势、行业发展趋势
- 外部环境对企业发展的关联影响
- 结合外部环境，对企业战略定位的解读
- 企业未来发展情况，包括目标、承诺等愿景性描述
- 概述企业特色履责实践及其对地方经济社会发展的贡献

致辞/前言
内容要点

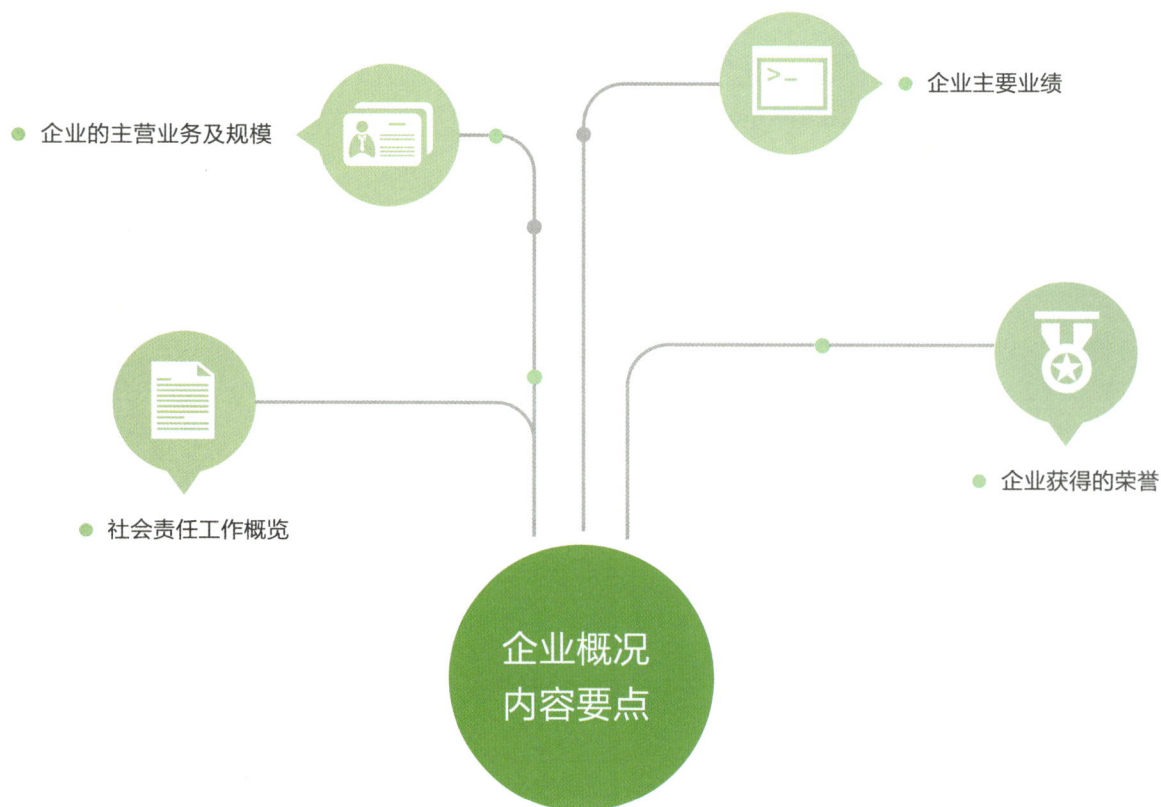

- 企业主要业绩
- 企业的主营业务及规模
- 社会责任工作概览
- 企业获得的荣誉

企业概况
内容要点

电网和企业可持续发展的全球或国内、国外背景

能源发展、电网建设、企业经营的现状及挑战

对电网和企业发展的战略部署

国家支持供电企业可持续发展的政策条件

供电企业在当地落实集团总部的整体战略部署、服务当地经济社会发展的路径、措施

供电企业在推进自身可持续发展战略中所应用的创新实践和技术革新

发展战略内容要点

供电企业落实国家能源发展战略行动计划，建设特高压、智能电网等的工作进展

供电企业保障当地的供电安全可靠，典型的应急抢修、运维检修等行动

供电企业主动对接当地政府规划、服务区域经济发展，已采取的加快电网建设、服务重点工程建设等重要措施

供电企业贡献绿色发展，已实施的创新性、体系化的绿色施工、低碳运营行动，以及已开展的"两个替代"具体行动

供电企业支持民生工程建设、保障房建设等民生改善行动

以数据的形式，对履责措施、行动的成效进行披露

履责实践与绩效内容要点

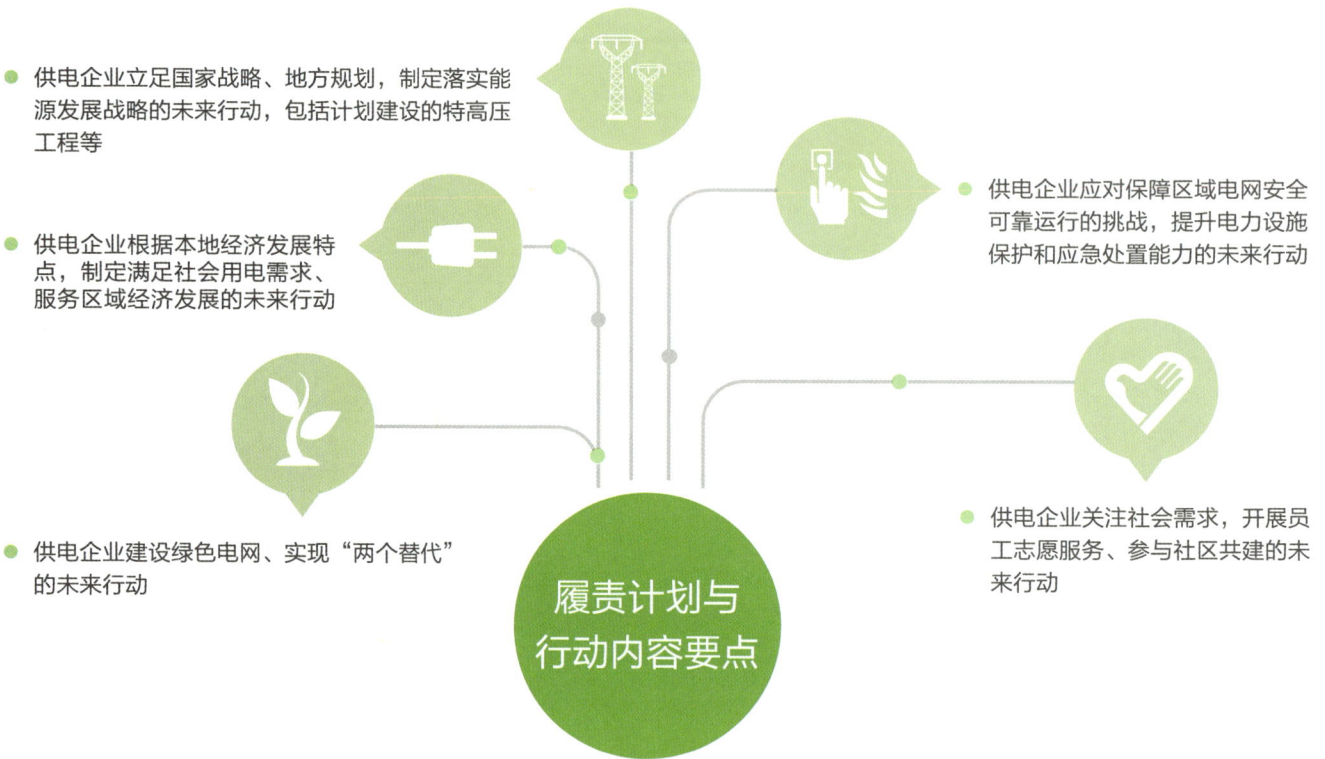

- 供电企业立足国家战略、地方规划，制定落实能源发展战略的未来行动，包括计划建设的特高压工程等

- 供电企业根据本地经济发展特点，制定满足社会用电需求、服务区域经济发展的未来行动

- 供电企业建设绿色电网、实现"两个替代"的未来行动

- 供电企业应对保障区域电网安全可靠运行的挑战，提升电力设施保护和应急处置能力的未来行动

- 供电企业关注社会需求，开展员工志愿服务、参与社区共建的未来行动

履责计划与行动内容要点

- 供电企业在特高压建设、智能电网建设等落实能源发展战略方面坚持的行动原则、计划达成的目标

- 供电企业在满足生产生活用电、提供优质电力服务方面坚持的行动原则、计划达成的目标

- 供电企业在促进"两个替代"、促进社会节能减排等保障电网环保运行方面坚持的行动原则、计划达成的目标

- 供电企业在供电可靠性、应急处理能力等保障电网安全可靠运行方面坚持的行动原则、计划达成的目标

- 供电企业在助学、助老、扶贫帮困等服务民生方面坚持的行动原则、计划达成的目标

履责承诺与目标内容要点

04 电力需求响应后的资源节约

当因持续高温或电网故障导致全网或局部区域电力供应不足时，需要迅速填补用电高峰电力供应缺口。2015 年 8 月，在用电负荷两度刷新历史纪录的紧迫关头，我们在全国率先实施商业化模式的电力需求侧响应，仅半小时就邀约了 1082 家非工企业空调负荷，通过柔性负荷控制成功避让用电尖峰。

电力需求响应优先引导非工企业主动参与，并给予价格补贴，以市场化的手段实现资源优化配置，实现了负荷管理由行政式向市场化的成功转变，是电力需求侧管理的重要突破，有利于促成一种更负责、可持续的生产和消费模式。

《创新点亮品质生活 2020——国网江苏电力服务地方经济社会可持续发展白皮书》
内容截取

国网江苏电力在白皮书中阐述"十二五"的影响力事件时，建立了章节的范式。每个章节详略程度基本一致，均按照"背景问题＋措施＋成效＋价值"的行文逻辑，均采用了简明严谨又略带感情色彩的语言表达。其中，标题均以外部视角拟定；具体的业务、新技术、新概念的阐述均从给社会、公众带来的价值来描述，使利益相关方能看懂、感兴趣、可接受。

以"电力需求响应后的资源节约"章节为例，此段内容以利益相关方经历过的"电力供应不足"情境为背景，阐述了国网江苏电力为什么要进行电力需求响应。"负荷管理由行政式向市场化的成功转变"体现了电力需求响应对于政府主管部门的价值，"促成一种更负责、可持续的生产和消费模式"体现了给企业带来的潜在积极影响。

设计

编制小组与设计团队要进行全程沟通，确保设计团队全面把握报告书的框架结构、内容文字、表现形式。

介绍报告书的主题

讲解报告书的整体逻辑

解析需重点设计内容的具体含义

编制小组

**全程
沟通**

设计团队

选择与主题呼应的设计风格

提炼插画、符号等设计元素

提交对图片需求的说明

作为报告书整体设计中非常重要的一部分，封面设计决定读者对报告书的第一印象，如国家电网公司系统各单位发布的报告书封面主要呈现了手绘插画 / 淡绘、矢量插画、几何插画、实图、极简等五种风格。其中，插画风格居多，一般以纯色底为主，色调淡雅轻快，并融合经济、人文、环境元素，体现行业或地方特色。

手绘插画 / 淡绘风格　　　　　　矢量插画风格

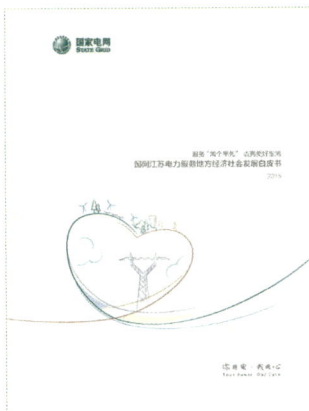
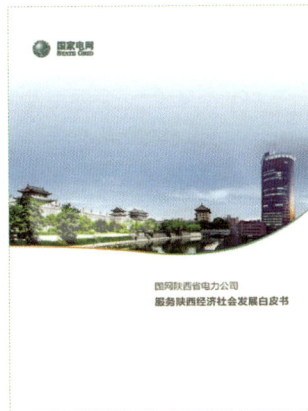

几何插画风格　　　　　实图风格　　　　　　极简风格

意大利国家电力 2015、2014 年可持续发展报告封面
（左图为 2015 年，右图为 2014 年）

2015 年，意大利国家电力启用了新的企业 LOGO。在 2015 年可持续发展报告中，意大利国家电力不仅使用了"seeding energies"的新主题，还重新设计了新的封面风格。封面中的设计元素——种子占据了封面的主要篇幅，使用线条元素展现电力企业的行业性质，配以绿色的主色调，三者的有机结合，呼应了"seeding energies"主题，给读者留下了"能源带来美好未来"的印象。

扫描二维码
获取该报告书

《国家电网公司社会责任报告 2011》封面

在国家电网公司 2011 年社会责任报告封面中，电线、电塔元素代表企业的属性，电线呈心形，表达用心，体现了"你用电，我用心"的品牌理念。封面中间的小女孩，寓意可持续发展；电线串起城市，寓意推动经济繁荣；电线串起树木、和平鸽，寓意服务社会和谐；电线串起转动的风机，寓意建设美丽中国。

除封面设计外，报告书还需呈现与封面设计风格相匹配的内页版式设计。报告书以页为单位，每一版面由大小不同的文字、图表等按照统一的技术规范组成。正文必须统一字号、间距、行距等，保持版心的一致；处理好标题、页码、正文、注文和图表相互之间的关系，使组成的版面主次分明、协调、美观、易读。

报告书内页版式示意

传播

报告书的传播可分为预热发布期（发布前传播）、正式发布期（发布中传播）和持续发布期（发布后传播）三个阶段。在每个阶段，有针对性地选择受众，应用多元化的传播手段，扩大传播的覆盖面，提升传播的影响力。

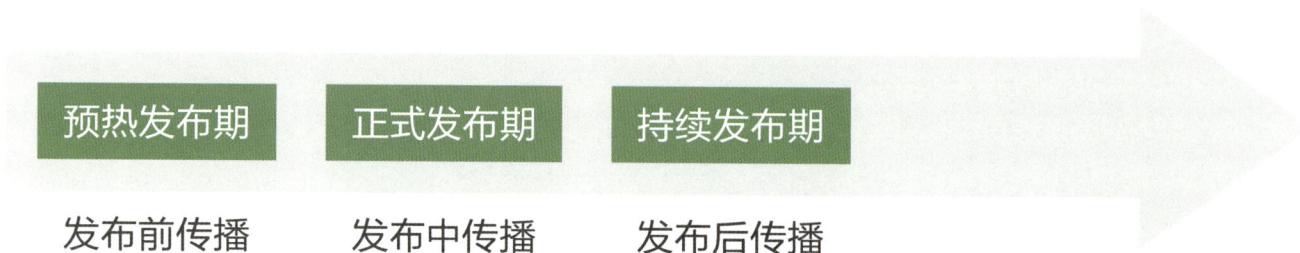

预热发布期 **正式发布期** **持续发布期**

发布前传播　　　发布中传播　　　发布后传播

预热发布期

预热发布期是指报告书正式发布前的传播造势，主要通过利益相关方沟通会等形式，告诉受众即将可获取的信息，营造报告书发布前的传播氛围。

在利益相关方沟通会中，可以邀请报告书重点面向的利益相关方代表，介绍报告书（征求意见稿）的编制背景、主要内容，并听取利益相关方对报告书内容、呈现方式等方面的意见和建议，以此引起利益相关方对报告书的关注。

正式发布期

正式发布期是报告书信息传递最密集的阶段。在这一阶段，向不同利益相关方推介报告书，引导利益相关方对报告书的内容产生兴趣，并形成对内容的印象与记忆。正式发布期的传播形式主要有公开发布、集中赠阅和移动端轻应用三种。

公开发布

发布会是报告书正式对外传播的主要渠道。目前多采用将发布会与社会性活动、企业组织的各类利益相关方沟通活动相结合的形式。在组织发布会时，应综合考虑发布时机、发布形式、出席嘉宾等因素（发布会参考议程参见工具八）。

工具八：发布会参考议程

企业计划的社会性活动，包括
主题活动、庆典活动等

社会重大活动，包括地方"两
会"、社会庆祝活动等

国际性节日，包括世界地球日、
世界环境保护日等

……

发布（电视电话）会议

政府或媒体的新闻发布
平台

企业官方微博
图文直播

企业官方网站、主流
媒体网站图文直播

…… 视频门户网站视频直播

发布
时机

发布
形式

发布会的组织

出席
嘉宾

政府机构

行业监管机构

媒体

专家学者

企业客户

社区居委会

……

案例
剖析

中广核 CGN

中广核喊你来红沿河看海！
私人定制版核电自由行等你来抢！

想0距离接触中国最杰出的理工男神们吗？
想成为能源大咖，张姿势甩小伙伴们几条街吗？
#中广核87公众开放体验日#今年又来了！
仅十五名网友招募席位等你抢！届时不但能够欣赏美丽的
大连海景，还能不走平凡之路，深度参观核电站，感受神
秘核电的能量。

现在只需下面三件事即有机会亲临核电站

1、将"核电达人"问题答案写在评论中。
2、关注本微博账号并转发本条微博。
3、私信给我您的联络方式。

报名截止至7月31日。8月3日，广核君会通过官方微博公布
正确答案和公众代表名单，请持续关注哦。

如果你是视频达人请注明，还有可能亲临厂区内部，由高
冷帅的核霸带领深度游核电、拍核电！

这一切，想想都有点儿小激动呢！赶紧动动鼠标，来一次
说走就走的核电自由行吧。

（我们报销辽宁省内网友往返大连的交通费用，外地网友最
多可报销交通费用800元。）

时间 行程

8月6日 14:00　　大连集合，我们粗发喽
8月6日 16:00　　到达神秘而美丽的红沿河核电站
8月6日 晚　　　　吹海风、看星星，夜宿红沿河
8月7日 上午　　　参观核电站
8月7日 下午　　　参加论坛
8月7日 16:00　　送您到大连，后会有期

核电达人知识问答

1、煤电的原材料是煤，水电的原材料是水，核电的原材料
呢，就是铀！然而，核电却比水电、煤电高效得多。请猜
看，满足200万户以上的家庭一天的基本用电量，需要一块
多大体积的铀呢？

A.跟一个鸡蛋体积差不多
B.跟一个柚子体积差不多
C.跟一个冬瓜的体积差不多

2、核反应堆的核心人员是操纵员，而中广核最早一批的操
纵员都要去法国的核电站进行培训。一年平均每人费用非
常昂贵，相当于黄金打造，所以后来大家都称这批人是
"黄金人"。猜猜看，如果按照当时的汇率计算，约合多
少美元呢？

A.10万美元　　　B.19万美元　　　C.26万美元

3、对核电企业而言，安全是重中之重。1999年，在大亚
湾核电站，一位检查人员在检查水池内的清洁物时，发现
一个小小的片状非金属物。为打捞这个2平方厘米的片状
物，耗时15个小时，最终确认者只个非金属物——一片油
漆片，不存在危险。你能猜到，就这15个小时造成了多少
经济损失吗？

A.近百万人民币　　B.五十万左右美元　　C.近百万美元

4. 核能发电是利用原子核的（　　）反应产生的热量，来发
电的。

A.聚变　B.核变　C.裂变

《中国广核集团社区发展白皮书》发布会前期微信公众号活动内容截取

中国广核集团 V 微博

2014-7-25 18:36 来自 微博 weibo.com　　+关注

发福利发福利啦！中广核喊你来大连看海！私人定制版核电自由行等你抢！#中广
核87公众开放体验日# 第二季来了，15名网友招募席位等你来！我们报销辽宁省
内往返交通费，外地网友最多报销800元。届时不但欣赏美丽海景，还能不走平凡
之路，体验能源之美，感受核电正能量。详情截大图@国资小新 @中青报曹林

《中国广核集团社区发展白皮书》发布会前期官方微博活动内容截取

中广核将"8·7公众开放体验日"作为白皮书发布时机，将发布会作为白皮书的发布形式，同时策划了"私人定制版核电自由行"活动，通过"核电达人"知识问答的形式公开招募参与当天活动的社会公众。

在发布会中，中广核将白皮书中的社区沟通"3N"模式作为主题，并邀请了社区代表、公众媒体、监管机构等利益相关方代表，从各自的角度阐述对于建立和谐社区、互利共生关系的期望、要求以及对于中广核履责实践的评价等。发布会还增设了研讨环节，强化了对白皮书的解读，加深了人们的认知、思考与记忆。

中广核结合企业重大社会沟通活动举行白皮书发布会，在节约了时间和资金成本的同时增加了活动影响力，通过招募社会公众拉近了核电与普通公众之间的距离，塑造了极具亲和力的企业形象。

集中赠阅

集中赠阅是将报告书直接送达利益相关方的行为。赠阅创造了企业与利益相关方定向沟通的机会，更能表达企业沟通的诚意，更易引起利益相关方的重视和情感共鸣。

赠阅对象与方式

赠阅对象	赠阅方式
政府、用户、社区	走访赠阅、寄送、沟通活动现场赠送
用户	在营业场所等自由取阅
合作伙伴	寄送、沟通活动现场赠送
媒体	沟通活动现场赠送
员工	工会活动、内部大型会议等现场赠送

移动终端轻应用

移动终端轻应用采用HTML5页面技术，包含图片、链接、音乐等非文字元素，使受众可以通过多种感官获取、理解报告书的内容。根据呈现内容和方式，移动终端轻应用目前主要有简版浓缩型、主题故事型、核心绩效型、社会议题型等四种类型。

根据报告书原有章节、内容进行文字精简和数据提炼

设置一条叙事线索，将读者带入角色和情境，将重点履责行动串联成一个故事

对关键成果、绩效进行简单明了的展示

从报告书中选取一个议题、项目、案例、措施等进行具体介绍

简版浓缩型

主题故事型

核心绩效型

社会议题型

简版浓缩型
国网江苏电力
《创新点亮品质生活 2020》

主题故事型
中国核电
《一个侗族女孩的魅力之旅》

核心绩效型
中石化
《新石油 新未来》

社会议题型
IBM
《谁在解决世界级难题？》

持续发布期

持续发布期是反复传播期,在此期间可以将报告书内容作为素材再次加工,通过不同媒介在一个较长的周期内多次传播。在持续发布期,报告书的传播形式主要有微信故事、视频短片等。

微信故事

微信故事是以微信公众号为发布平台的故事型文稿,通过利益相关方视角介绍企业履责实践的前因后果、整体过程,具有起承转合的剧情设计,着重描述企业履责理念或履责实践引发的利益相关方心理变化,在传播过程易于引发利益相关方的情感共鸣。

虽然微信故事来源于报告书,但是微信故事在内容和表达方式上与报告书不同,要考虑可读性和传播性,更适应新媒体的传播特性。

微信故事的编写需要注意以下几个方面:

设置悬念

将责任实践成果和绩效以及由于责任理念注入所引起的行为变化,以问题、悬念的形式抛出,激发读者阅读的兴趣和欲望。

描述细节

从故事中人物的视觉、听觉、触觉等角度描述企业履责实践的具体细节,使平面化的履责实践情景再现变得丰满而立体,令读者有身临其境的参与感。

抓住心理

挖掘人物在履责实践中的经历、感悟以及收获,揭示人物因企业履责实践而产生的心理变化,让读者更易理解企业履责实践产生的影响。

Tips:AR 技术应用

AR 技术是一种实时地计算摄影机影像的位置及角度并加上相应图像、视频、3D 模型的技术,可以在屏幕上实现虚拟世界与现实世界共同存在,具有实时交互性、趣味性等优势,能够升级报告书的传播效果。

案例
剖析

Let's build a
smarter planet.

志愿服务　改变世界
IBM 志愿者故事（专刊）

黑暗中，
她成为光明的使者

张薇从未想过一己之力可以改变素昧平生的人的生命轨迹。面对国内眼角膜资源严重稀缺，西安市眼角膜库更是"零库存"的现状。她是如何赢得斯里兰卡的信任、为眼病患者带来福音？来看看她的志愿故事吧。

点击阅读完整故事

IBM《志愿者故事（专刊）》内容截取

IBM 选取《IBM 2014-2015 年度企业责任报告》中的志愿者活动部分的内容，创作了 IBM 志愿服务项目的志愿者故事，制作了《志愿者故事（专刊）》专刊，并与企业责任报告同期发布。

在张薇的志愿者故事中，故事开篇设置了"她是如何赢得斯里兰卡信任、为眼病患者带来福音"的悬念，激发了读者想要继续了解这个故事的兴趣。故事讲述了张薇的工作经历、加入志愿者的原因、与斯里兰卡国际眼库沟通中遇到的困难等一系列细节，使读者感到如同与张薇一起参与了这个公益项目。故事还描绘了张薇因志愿服务产生的心理变化，即张薇认识到志愿服务能够帮助到眼病患者，坚定了本人继续从事志愿服务的决心。

扫描二维码
获取该报告书

视频短片

视频短片是将报告书中的重点履责行动、绩效等通过声音、图形、图像、动画等
动态形式展现出来，提高读者对报告书内容的接受度。

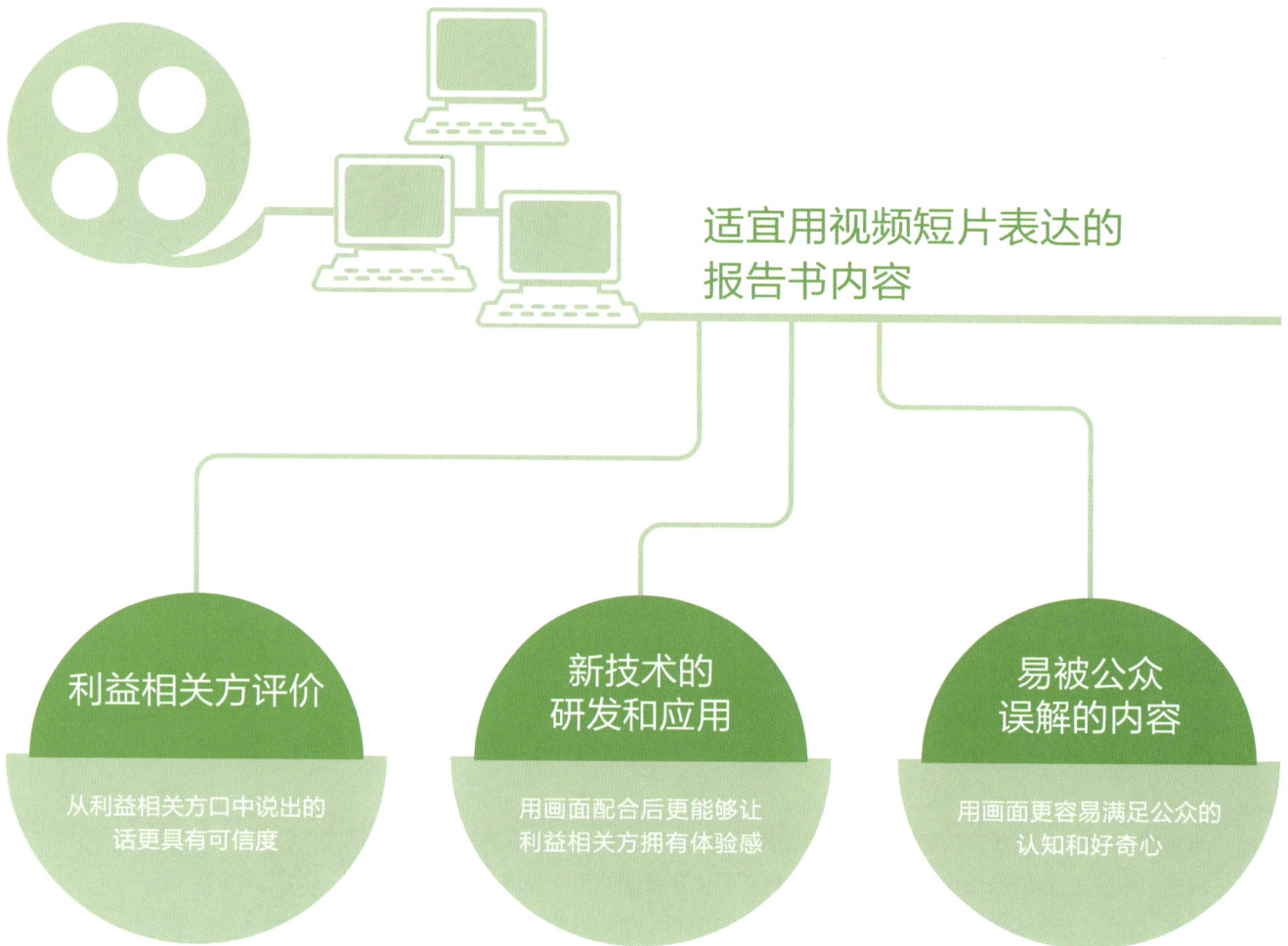

适宜用视频短片表达的
报告书内容

利益相关方评价

从利益相关方口中说出的
话更具有可信度

新技术的
研发和应用

用画面配合后更能够让
利益相关方拥有体验感

易被公众
误解的内容

用画面更容易满足公众的
认知和好奇心

案例
剖析

国网江苏电力《清洁时代的美好一天》画面截取

围绕 2016 年白皮书中提及的"全球能源互联网""主动配电网""源网荷"等新概念、新技术，国网江苏电力制作了一个时长约 2 分钟的视频短片，从"与人们生活是什么关系""有什么作用"的角度对这些概念、技术进行了介绍。

视频以时间为轴，展现了普通人在清洁时代一天享有的智能、品质生活，运用各种场景来展现新技术对人们生活的影响。通过"主人公手机微信传来公司用电设备的运行状态、能耗状况"场景，人们可以了解到电网与用户是双向互动的，可以带来电能消费的新体验；在"使用 APP 开启家中设备、窗帘自动关闭"场景中，人们可以看到智能电网能够满足多元化的用电需求。视频中出现的日常生活场景，能够使公众感受到新技术与生活息息相关，对新技术有更强的体验感，对清洁能源时代的生活有更多的畅想，对公司的"十三五"发展充满了期待。

报告书的表达

表达的内容

在"报告书的撰写"章节，确定了报告书内容包含落实能源发展战略、保障区域电网安全可靠运行、服务区域经济发展、保障区域电网高效环保运行、贡献当地民生改善以及科普电力知识等六个方面，同时参照报告书框架中核心篇的逻辑体系可以基本完成报告书的编写工作。

供电企业编制、发布报告书不仅可以向利益相关方披露履责信息，而且可以通过内容的表达获取利益相关方对企业自身可持续发展贡献社会可持续发展的情感认同和价值认同。

编制报告书时应注重对主体内容的价值解读和感性表达，在选择、表达内容时遵循两个原则：考虑所属集团公司的整体战略格局、考虑地方经济社会的发展格局。

供电企业是所属集团公司战略目标的落实主体，应依靠集团公司的整体资源、技术等优势，落实领先的全球能源互联网战略，应用先进的电网技术，实践科学的经营模式，促进供电企业自身的可持续发展。

考虑整个全国
电网发展的
战略格局

考虑地方
经济社会的
发展格局

供电企业将企业发展融入地方发展大局，把解决社会、环境挑战视为企业发展机遇，最大限度发挥利益相关方合作创造经济、环境和社会综合价值的潜能与优势，促进社会资源的更优配置，推动社会的可持续发展。

落实能源发展战略

为适应国民经济和社会发展需要，推动能源生产和消费革命，我国统一谋划和设计能源总体发展方向，制定出能源发展四大战略：节约优先战略、立足国内战略、绿色低碳战略、创新驱动战略。

**考虑供电企业
服务国家
能源发展战略**

供电企业在构建全球能源互联网、加快坚强智能电网建设、促进新能源的大规模开发和高效利用中应当承担的角色和作用。

特高压建设

智能电网建设

清洁替代

科技创新

全球能源合作

深化电力体制改革

……

**考虑地方能源
发展规划格局**

供电企业围绕地方能源发展规划，考虑地方能源资源禀赋、用能习惯、经济发展水平，加强电网规划与地方能源发展规划的衔接，引导本地能源的科学供给、合理消费和节约使用，优化本地能源结构。

国家电网公司系统各单位因自然条件、区位优势、发展基础不同，在特高压建设、促进全球能源互联网建设工作中发挥的作用、体现的价值也不尽相同。

国网陕西电力——推进特高压建设，提升电力外送能力

陕西省具有煤炭资源优势，省委省政府出台了以推进能源企业"走出去"、提高陕西在对外能源合作中的影响力为核心的"十二五"能源发展规划。国网陕西电力作为地方供电主体单位，开展特高压建设，积极落实地方能源发展规划。

国网陕西电力在《国网陕西省电力公司服务陕西经济社会发展白皮书2016》中详细描述了建设特高压工程的投入与举措，同时将特高压工程建设的结果与陕西省能源发展规划有机对接——通过建设特高压，提升陕西省电网保障能力和电力外送能力。国网陕西电力在白皮书中也充分表达了特高压建设对发挥电网稳定工业增长、拉动投资、优化产业结构等方面的促进和带动作用，阐述了以特高压建设推动陕西能源优势转化为经济优势的决心。

推进特高压电网建设

积极开展特高压外送通道建设，完成榆横－潍坊、酒泉－湖南、上海庙－山东等工程建设前期的调研和上报。2015年涉陕特高压工程共9项，其中3项工程在建、2项工程处于项目前期，均进展顺利。"十三五"期间，将扩建神木府谷至河北500千伏通道，新增外送能力264万千瓦。工程建设后，陕西电网将形成"三交四直"七个外送通道，外送能力超过3600万千瓦，推动陕西煤电集约开发、规模外送。

工程名称	工程状态	工程总投资（亿元）	建成后电力外送能力（万千瓦）	年外送电量（亿千瓦时）	相当于年输出标煤量（万吨）	年GDP增加量（亿元）
榆横－潍坊特高压交流工程	开工建设	242	600	330	1320	132
±800千伏陕北－武汉特高压直流工程	开展工程可研设计	251	1000	550	2200	220
±800千伏陇彬－徐州特高压直流工程	开展工程可研设计	262	1000	550	2200	220
神木府谷－河北500千伏外送通道扩建工程	完成可研待核准	19.2	264	145	580	58

《国网陕西省电力公司服务陕西经济社会发展白皮书2016》内容截取

扫描二维码
获取该报告书

国网山东电力——加快特高压建设，提升"外电入鲁"能力

2015 年，山东省经济总量在全国位列第三，经济增速达 8%。山东省经济社会发展对电力供应依赖较高，存在较大的能源供给缺口。调整能源结构、保障能源安全稳定供应已成为山东省能源发展的重要任务。

国网山东电力在《责任之光　点亮齐鲁——国网山东省电力公司服务山东经济社会发展白皮书 2016》中把建设特高压骨干网架工作与山东省用能现状联系在一起，将其作用定位于促进能源集约开发和清洁能源发展，符合山东省能源发展趋势和经济社会发展特色。

加快特高压建设

山东省经济社会发展对电力的需求强劲，加快推进特高压电网建设是实现能源资源集约开发、促进清洁能源发展，有效解决雾霾问题的重要举措，更是转变能源发展方式、保障能源安全、服务经济社会发展的必由之路。

2014

锡盟－山东 1000 千伏特高压交流工程开工，标志着山东电网进入特高压时代

2015

榆横－潍坊 1000 千伏特高压交流、±800 千伏上海庙－临沂特高压直流工程开工，标志着山东电网已经进入特高压电网的快速发展期

2016

国网山东电力将紧抓"特高压入鲁"重要机遇，全力加快特高压电网建设

主动向山东省发改委等有关部门汇报沟通，力争尽早核准扎鲁特－青州特高压直流、济南－枣庄－临沂－潍坊特高压交流工程；加快推进晋东南－东明－枣庄、张北－石家庄－东明－赣州特高压交流等工程可研工作；做好新建特高压直流工程调相机同步规划建设

大力推进特高压工程前期工作

加快特高压"两交三直"工程建设

锡盟－山东交流工程 6 月具备投运条件；榆横－潍坊交流工程年内具备调试条件；晋北－南京直流工程具备带电条件；锡盟－泰州、上海庙－山东直流工程架线完成 **80%**，临沂换流站完成建筑物施工，主控楼及阀厅交付安装

《责任之光　点亮齐鲁——国网山东省电力公司
服务山东经济社会发展白皮书 2016》内容截取

保障区域电网安全可靠运行

现代社会对电力供应的依赖程度越来越高，对电力安全可靠供应的要求与日俱增。电力系统的安全可靠运行关系人们的生产生活，关系经济社会发展的全局，维系着社会稳定，是社会公共安全的基础。

理解区域电网是全国电网安全可靠运行的重要组成

供电企业应当通过夯实电网网架结构、建立电力系统安全应急处理机制、防治电力设施外力破坏等工作，杜绝发生大面积停电，保证供电可靠性，确保电能质量。

确保电网安全稳定运行

实施重大保电活动

提升供电质量

提升电网应急管理水平

提升运维抢修效率

推动管理创新

普及宣传安全用电知识

……

理解安全可靠的区域电网是当地经济社会发展的物质基础

区域社会经济发展依赖于电网安全可靠运行。电力需求旺盛的区域，供电企业竭力提升抢修速度，确保抢修质量。极端恶劣天气和罕见自然灾害多发、频发地区，供电企业须具有应急处理能力。在政治和文化中心地区，供电企业重大活动保电任务艰巨。

案例剖析

国网北京电力——实现政治供电"零闪动"

北京是我国的政治、经济、文化中心。国家对于首都的发展有着清晰的目标定位，即"经济实力显著提升、城市功能持续优化、社会环境更加和谐、首都文化日益繁荣、改革开放不断突破、市民福祉明显改善"。

在北京这种特殊的城市发展环境中，国网北京电力的安全可靠供电显得尤为重要。国网北京电力在《北京电力　电靓京城——国家电网北京市电力公司服务首都发展白皮书》中，深入分析了北京的复杂供电背景，将其作为国网北京电力实施保障首都电网安全可靠运行发展战略的基础参考。同时，国网北京电力在白皮书中对其特色供电工作，如政治供电工作的价值影响，也结合了北京的城市特色进行全面描绘，有效向政府和其他利益相关方传递首都电力声音。

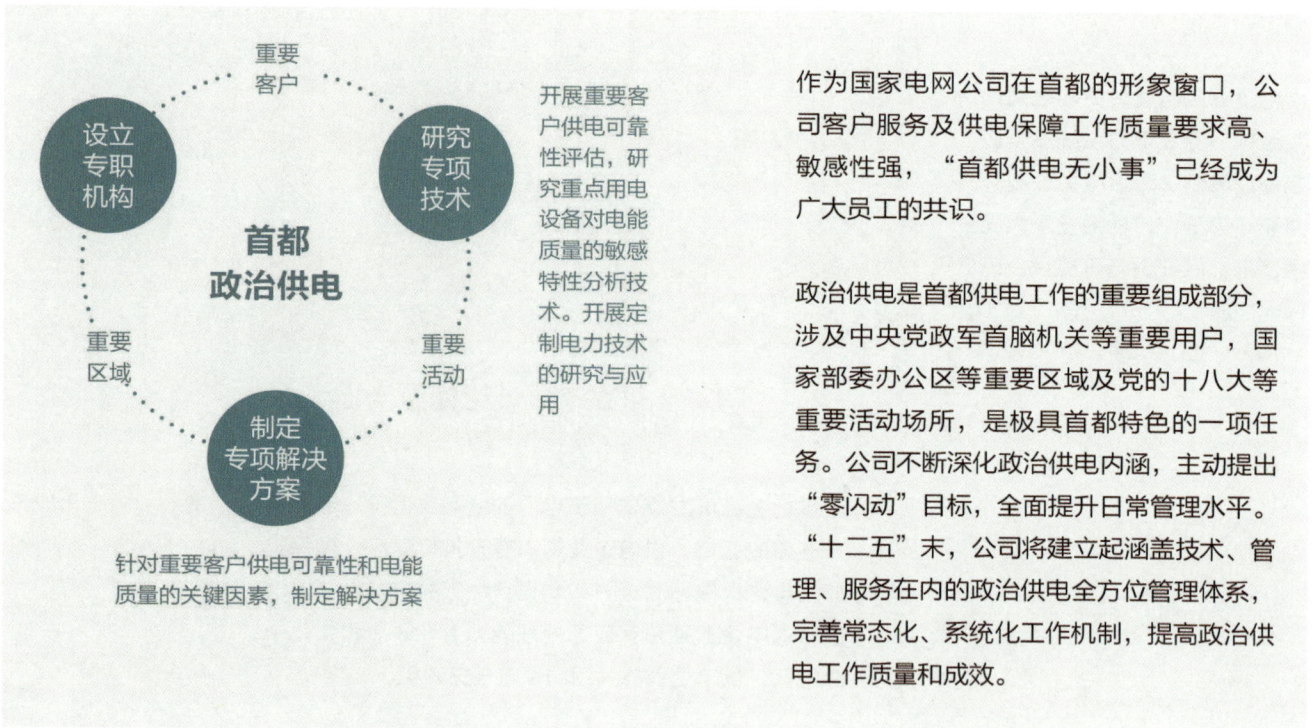

首都政治供电

- 设立专职机构 — 重要客户
- 研究专项技术 — 开展重要客户供电可靠性评估，研究重点用电设备对电能质量的敏感特性分析技术。开展定制电力技术的研究与应用
- 制定专项解决方案 — 针对重要客户供电可靠性和电能质量的关键因素，制定解决方案
- 重要区域
- 重要活动

《北京电力　电靓京城——国家电网北京市电力公司服务首都发展白皮书》内容截取

作为国家电网公司在首都的形象窗口，公司客户服务及供电保障工作质量要求高、敏感性强，"首都供电无小事"已经成为广大员工的共识。

政治供电是首都供电工作的重要组成部分，涉及中央党政军首脑机关等重要用户，国家部委办公区等重要区域及党的十八大等重要活动场所，是极具首都特色的一项任务。公司不断深化政治供电内涵，主动提出"零闪动"目标，全面提升日常管理水平。"十二五"末，公司将建立起涵盖技术、管理、服务在内的政治供电全方位管理体系，完善常态化、系统化工作机制，提高政治供电工作质量和成效。

扫描二维码
获取该报告书

国网上海电力——服务上海"全球城市"建设

上海作为"一带一路"和长江经济带战略的交汇点，肩负着引领长三角世界级城市群参与全球竞争、建设"四个中心"和"科技创新中心"、打造为全球城市的重任。

在上海充满机遇和挑战的"全球城市"建设过程中，国网上海电力安全可靠的区域电网是满足其多元化、安全可靠的保供电诉求的基本保障。国网上海电力在《国网上海市电力公司服务地方经济社会发展白皮书2015》中，将城市抵御台风和灾害天气、重大政治、文体、教育、社会等活动的高标准电力供应要求与城市电网建设与安全保障工作相结合，充分展示了城市重大保电任务成果，向政府和社会公众传递其以保障城市电网安全促进经济社会发展和上海"全球城市建设"的能力和决心。

服务城市电网安全

上海作为特大型城市，其电网的安全运行是城市正常运转的命脉。面对"全球城市"建设的高标准电力供应要求，国网上海电力积极贯彻落实新《安全生产法》，加强与利益相关方的沟通合作，通过一系列的措施降低风险消除隐患，提升安全系数，争做世界级高标准电力保障示范。

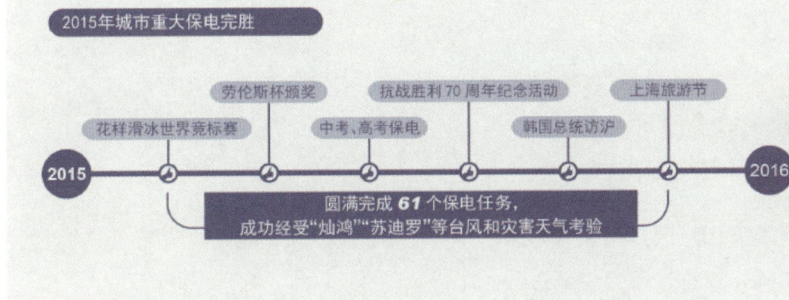

2015年城市重大保电完胜

花样滑冰世界竞标赛　　劳伦斯杯颁奖　　中考、高考保电　　抗战胜利70周年纪念活动　　韩国总统访沪　　上海旅游节

2015　　　　　　　　　　　　　　　　　　　　　　　　　　　　2016

圆满完成 **61** 个保电任务，
成功经受"灿鸿""苏迪罗"等台风和灾害天气考验

《国网上海市电力公司服务地方经济社会发展白皮书2015》内容截取

扫描二维码
获取该报告书

服务区域经济发展

新常态下区域经济发展呈现出新特征，经济转型升级成为主导，产业结构正在迈向服务经济引领的新阶段，增长动力正从要素驱动、投资驱动转向创新驱动，区域经济一体化融合发展。区域经济发展模式的转变，必然给电力供应保障提出新的挑战和要求，电力供应应积极适应并有力促进区域经济社会的转型发展。

理解区域电网发展是国家能源发展的科学布局

以电网规模和跨区、跨省输电能力为基础，发挥好电力供应对于经济发展的支撑作用。适度超前满足国民经济快速发展对电力的需求，保证供电可靠性、确保电能质量。

协调发展各级电网

加快农网改造升级

做好电力需求侧管理

优质服务方式创新

推动电能替代

服务重点工程建设

推进智能电网发展

······

理解电网发展是地方经济社会发展的拉动引擎

发挥电网发展在服务地方经济发展方面的功能与作用。欠发达地区，应以网架建设为主，满足基本经济发展需求。发展转型地区，优化能源结构，促进产业升级，降本增效。发展较快地区，以智能电网建设、新兴供电技术满足社会发展的多元化与品质化需求。

案例剖析

国网湖北电力——坚强电网为县域经济社会科学发展增动力

2014 年，湖北抢抓国家推进长江经济带建设战略机遇，GDP 增速位列全国第七，县域经济增长势头强劲，占湖北省经济总量的近 60%。在"十二五"期间，湖北省城乡人口首次实现逆转，县域经济的快速发展促进了县域用电水平不断提升，县域电量增长空间巨大，有望成为湖北省用电增长的主要推动力。但湖北中低压电网发展历史欠账较多，"低电压"问题十分普遍，电网建设存在投资能力欠缺、投资比例不科学、建设改造标准偏低等难题。

国网湖北电力在白皮书中披露了公司据此情况进行发展战略调整，将电网发展重点向中低压电网尤其是农村电网转移，着力破解"低电压"、"用电卡口"等难题，通过加大农村电网投资建设力度、将农村供电设施布局规划与地方重要基础设施规划对接等一系列措施，以湖北农村电网快速发展支持湖北县域经济科学发展。

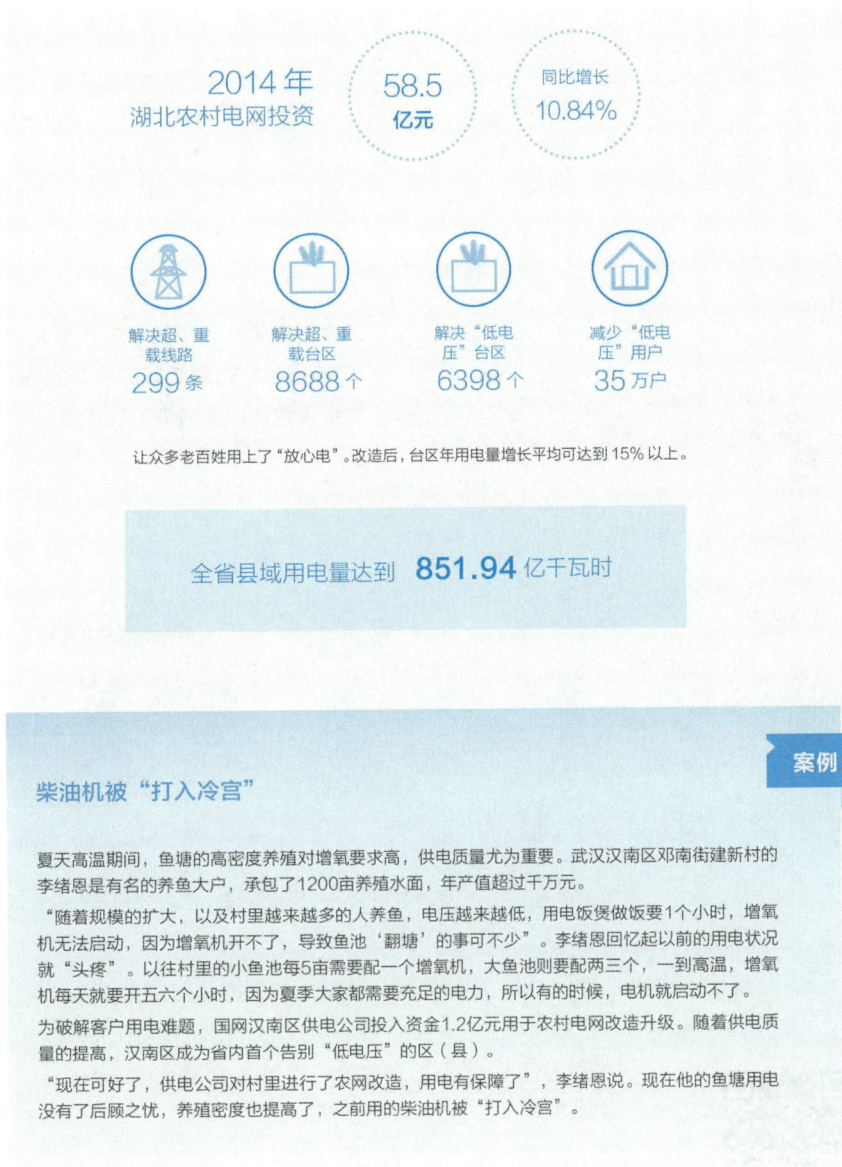

2014 年 湖北农村电网投资 **58.5 亿元** 同比增长 **10.84%**

解决超、重载线路 **299** 条　　解决超、重载台区 **8688** 个　　解决"低电压"台区 **6398** 个　　减少"低电压"用户 **35** 万户

让众多老百姓用上了"放心电"。改造后，台区年用电量增长平均可达到 15% 以上。

全省县域用电量达到 **851.94** 亿千瓦时

案例

柴油机被"打入冷宫"

夏天高温期间，鱼塘的高密度养殖对增氧要求高，供电质量尤为重要。武汉汉南区邓南街建新村的李绪恩是有名的养鱼大户，承包了1200亩养殖水面，年产值超过千万元。

"随着规模的扩大，以及村里越来越多的人养鱼，电压越来越低，用电饭煲做饭要1个小时，增氧机无法启动，因为增氧机开不了，导致鱼池'翻塘'的事可不少。李绪恩回忆起以前的用电状况就"头疼"。以往村里的小鱼池每5亩需要配一个增氧机，大鱼池则要配两三个，一到高温，增氧机每天就要开五六个小时，因为夏季大家都需要充足的电力，所以有的时候，电机就启动不了。

为破解客户用电难题，国网汉南区供电公司投入资金1.2亿元用于农村电网改造升级。随着供电质量的提高，汉南区成为省内首个告别"低电压"的区（县）。

"现在可好了，供电公司对村里进行了农网改造，用电有保障了，李绪恩说。现在他的鱼塘用电没有了后顾之忧，养殖密度也提高了，之前用的柴油机被"打入冷宫"。

《电靓荆楚　美丽乡村——服务湖北县域经济社会发展白皮书 2014》内容截取

案例剖析

国网天津电力——对接投资与服务贸易便利化助力营商环境营造

自贸区建设已成为国家战略，将在国家未来的开发开放中占有举足轻重的地位。国网天津电力在白皮书中从天津自贸区的背景、历史、特点、优势等方面分析了自贸区发展对能源电力的需求，以及由此为国网天津电力带来的机遇和挑战。正是基于对自贸区建设改革政策的深刻理解与把握，国网天津电力积极做好服务自贸区建设的前期工作，以自贸区企业特点为研究模板，打造先进的供电服务模式，积极参与支持京津冀协同发展，以坚强可靠的电力供应服务国家自贸区战略落地。

超前设计"一站式"供电服务模式

提供优质贴心便捷的供电服务是真正服务自贸区的直接体现。国网天津市电力公司为更好的满足自贸区建设电力需求，探索打造自贸区"全天候伙伴"的供电服务模式，以提升自贸区客户满意度。

- 电网配套工程建设"零延期"，客户内部工程建设"零障碍"
- 以营配贯通与大数据技术为依托，实现精准互动营销
- 大力推进电能替代，建设低碳全电驱动自贸区
- 业扩报装"零要件、零临柜"，供电方案答复客户"零等待"
- 推进自贸区供电服务网格化O2O运营，构建供电营销智慧服务体系

《服务美丽天津　点亮美好生活——国网天津市电力公司对接融入区域发展白皮书》内容截取

扫描二维码
获取该报告书

保障区域电网高效环保运行

面对气候变化、生态保护压力，坚持走实现能源资源的可持续利用和生产生活环境友好的绿色发展道路，成为区域发展的必然选择。绿色发展以追求社会和环境的可持续发展为目标，以生产生活的低消耗、低排放、低污染或无污染为特征，以实现人的全面发展为中心。企业的抉择极大地影响区域绿色发展目标的实现。从电力供应的角度贡献绿色发展，需围绕着更清洁更经济的发电、更安全更高效的配置、更便捷更可靠的用电服务展开。

理解供电企业绿色发展战略部署

供电企业以最少的资源消耗和环境代价建设和运营坚强智能电网，打造能源配置绿色平台，推动能源开发方式和能源消费方式变革，追求企业运营的资源节约和环境友好，保障更清洁、可持续的能源供应。

服务分布式能源

建设电动汽车充电设施

防治大气污染

推广电能替代

提高能效

应对气候变化

发电权交易和节能调度

推广全面节能

消纳清洁能源

......

理解地方生态文明建设的社会发展目标

供电企业以坚持绿色发展为理念，以创新技术应用为手段，提升电网建设、运营的环境友好性，帮助当地实现节能减排、促进新能源产业发展、培育电动汽车市场等，推动形成绿色发展共识，贡献地区生态安全。

案例剖析

国网天津电力——做推动能源结构优化的领军者

国网天津电力在 2014 年的白皮书中用特高压工程、一流城市供电网、电能替代、新能源并网四部分内容来阐述公司如何实现区域电网的高效环保运行。

在供给侧，随着天津经济快速发展，电力供应缺口问题愈发明显，国网天津电力建设特高压工程，将天津以外的电能安全可靠地输送入津。同时，通过主动服务新能源并网，促进新能源的消纳，从源头优化能源生产结构。

在需求侧，国网天津电力推动供暖（制冷）领域替代、助力绿色交通体系建设、服务企业工艺改造等电能替代内容，为减少城市污染物排放、治理城市雾霾做出贡献。

01

p.10 落实美丽天津建设部署

做推动能源结构优化的领军者

02

p.24 对接投资与服务贸易便利化

做助力营商环境营造的先行者

《服务美丽天津　点亮美好生活——国网天津市电力公司对接融入区域发展白皮书》
内容截取

国网江苏电力——驶进别样风光的低碳城市

2015 年，江苏省经济总量在全国位列第二。作为用能大省、资源小省，江苏受到交通拥堵、大气雾霾等环境污染问题困扰，2016 年江苏省政府提出"加强生态文明建设，提高绿色发展水平"的目标，将"严格控制和减少机动车废气污染""持续压减非电用煤，加快燃煤机组超低排放改造"等列为行动计划。

为此，国网江苏电力充分发挥专业优势，一方面，积极推进电动汽车充电桩建设，为电动汽车、电动公交车在江苏省的普及打下基础；另一方面，通过推广电能替代，提供节能服务，帮助企业低碳发展。在白皮书中，国网江苏电力将自身业务工作的开展方向与地域阶段性发展需求紧密结合，响应并支持了绿色江苏建设。

2017 座

20 万辆以上

210 亿千瓦时

所有船舶在江苏各地港口使用
岸电均可实现刷卡消费

6000 台

推广电锅炉

3366 套

推动建成岸电设施

12 家

关停燃煤自备电厂

促进电能替代

大力实施"以电代油、以电代煤、电从远方来，来的是清洁电"战略，拓展电能替代的新领域、新技术和新服务，提升电能在终端能源消费中的占比。

建成 1 公里和 3 公里城市快充圈，实现高速公路电动汽车充电站全覆盖。建成统一车联网平台，电动汽车可通过车载终端、手机 APP 轻松实现充电车位查询预约、充电状态远程控制和充电费用在线支付等功能。

推广岸电系统，统一岸电接口，建成岸电

《创新点亮品质生活 2020——国网江苏电力服务地方经济社会发展白皮书》内容截取

贡献当地民生改善

关注民生、重视民生、保障民生、改善民生，一直是政府关注的重点。党的十八大报告指出，"加强社会建设，必须以保障和改善民生为重点，积极解决好教育、就业、收入分配、社会保障、医疗卫生和社会管理等直接关系人民群众根本利益和现实利益的问题"。随着民众观念和企业组织治理能力的提升，企业逐渐开始选择以专业优势解决社会问题的方式贡献民生改善。在面对企业资源、专业难以解决的社会问题时，企业通过积极鼓励员工参与社会公益事业、推进员工志愿者活动，支持公益事业发展。

理解供电企业争做优秀企业公民的价值追求

供电企业运用自身业务专长和资源优势，不仅为社会创造物质财富，还为社会创造精神财富、知识财富，助力百姓共享发展红利。

对口帮扶

助老、助残、助困、助学

员工志愿服务

环保公益

关爱留守群体

援疆援藏

提升农电服务水平

推进城乡供电一体化

推进民生工程建设

······

理解地方民生改善的社会发展需求

供电企业在经济基础薄弱地区，更多关注基础民生改善、人们生存条件及扶贫问题；在经济转型升级地区，更多关注社会矛盾的缓解，关注弱势群体的教育、帮扶问题；在经济发达地区，更多关注社会发展新阶段产生的老龄化、心理健康等新兴问题。

案例剖析

国网上海电力——破解居民用电难题，打造"光明工程"

由于上海市小区供电配套设施初建时期较早，随着经济的迅速发展、人民生活水平的显著提高，上海近 1/3 小区存在用电设施规划滞后、管理缺位、配置标准低等一系列问题。国网上海电力在白皮书中展示了公司针对上述情况，与上海市政府达成共识，开展专业化的供电服务提升工程，提高户均容量配置，不仅满足了老旧小区目前的用电需求，更是以"满足上海市居民未来二十年的用电需求"作为工作目标，全面支持上海市政府的"十大实事工程"建设。

服务民生实事工程

"全球城市"建设不仅需要强大的城市硬实力，还需要人民群众生活幸福指数不断提升的软实力。国网上海电力以保障和改善民生用电服务为己任，牢固"你用电、我用心"服务理念，通过几个方面实事举措，深化供电服务质量提升工程，有效保障上海市居民用电生活。

破解居民用电难题，打造"光明工程"

随着经济的迅速发展，人民生活水平显著提高，近 1/3 上海小区存在供电配套设施建设较早，配置标准低的问题。面对这一情况，在上海市政府的统一部署下，国网上海电力开展"光明工程"，表前设施基本容量配置标准提高至每户 8 千瓦，以满足今后本市居民持续增长的用电需求。整个工程覆盖全市 6500 个小区，惠及 296 万户居民用户，共需投入资金逾 60 亿元。2015 年改造任务列入了上海市政府"十大实事工程"，在全市共完成改造 122 万户。

老旧住宅小区居民用电"五难"

用电难 — 管理难 — 抢修难 — 筹资难 — 界定难

"光明工程"建设特点

时间跨度大	前后历时三年，2014年开始，2017年底基本完成改造。
覆盖面广	涵盖全市17个区县6500个小区，涉及全市近三分之一的家庭，总规模296万户。
投资规模大	改造工程三年总投资逾60亿元，由国家电网公司与市、区两级财政共同承担。
改造难度高	改造工程需进入居民楼内施工，涉及楼内每一户居民，工程难度和复杂程度在上海城市电网改造历史上前所未有。

《国网上海市电力公司服务地方经济社会发展白皮书 2015》内容截取

案例 剖析

国网江苏电力——发挥专业优势，开展精准扶贫

国网江苏电力在白皮书中介绍了以专业优势开展精准扶贫的新做法——光伏扶贫，展示了公司的专业资源与公益事业、社会需求如何相互关联、创造共享价值。精准扶贫是中国实现小康社会发展目标中的一项重要工作，"清洁替代"又是国家电网公司、国网江苏电力的重大战略部署。国网江苏电力实施家庭光伏项目的配套并网和外部电源改造工程，既实现了扶贫目标，解决了连云港青南村 128 户村民的用电问题，使他们有了绿色、稳定的收入，实现了由一次性帮扶向持续性保障的转变；又建成了全国首个屋顶连片"光伏村"，实现了家庭分布式清洁能源发电、并网。

08 "光伏村"开启扶贫新模式

既可以扶贫，又能拓展清洁能源的广泛应用。我们出资 150 余万元，实施了项目的配套并网和外部电源改造工程。作为全国首个屋顶连片"光伏村"，连云港青南村的 128 户村民不仅免费用上了太阳能发电，还能将剩余电量向电网出售。全新的用电模式使他们从此有了绿色、稳定的收入，实现了由一次性帮扶向持续性保障的转变。

"光伏村"扶贫开创了家庭分布式光伏发电新模式，实现了江苏重点片区扶贫开发与落实国家分布式太阳能规划的有机结合，打造了全新的扶贫模式，示范效应明显。

"十二五"期间，我们以"精准"扶贫为目标，每年投入帮扶资金 700 万元，支持响水县农村电网改造、市政基础设施建设，帮助村民创办多个标准化养殖基地，推进规模设施农业发展。

66000人

帮助低收入人口脱贫

《创新点亮品质生活 2020——国网江苏电力服务地方经济社会发展白皮书》内容截取

科普电力知识

电力科普知识（电力基础知识及基本专业词汇科普）常作为报告书的先导部分，起到科普知识、拉近与读者距离的功能。读者可以从中了解电力基础知识，扫除阅读障碍，更高效地获取报告书信息。电力科普知识作为辅助信息，可视内容需要，融入相应章节。

电力科普知识主要涵盖电的起源和发展、技术术语解释和回应误解三个类别。

第一类
电的起源和发展

有关电力起源和发展的相关知识，包括自然界的电现象、电的产生、发电技术、电能储存、电能传输、电能的未来发展趋势、节约用电、安全用电相关知识、电力环保等。

第二类
技术术语解释

生活中经常用到的、报告书中出现的电力行业的新技术、新概念，如变电站、输电网、配电网、特高压、智能电网等（参考《中华人民共和国电力行业标准》第三章"术语和定义"）。

第三类
回应误解

回应因利益相关方不了解供电企业工作产生的误解，继而生成舆论的热点话题，如变更智能电能表后对电费计量准确性的质疑、变电站建设中周边居民对电磁辐射的疑问等。

案例剖析

国网扬州供电公司在《国网扬州供电公司服务地方经济社会发展白皮书 2016》中，以"日常生活中的一度电"和"非常时刻，突然没有了这一度电"的对比形式，凸显一度电的价值。国网扬州供电公司在对比的表现形式下还运用了比喻替代的表达手法，使读者感受到电力供应在日常生活中的无处不在，以读者能感知的方式，通俗易懂地向读者阐述了电的价值。

日常生活中的一度电	非常时刻，突然没有了这一度电
节能灯泡发光 100 小时	急救手术进行时——命悬一线
电动自行车行驶 80 公里	搭乘电梯进行时——惶恐不安
观看青奥会电视直播 10 小时	青奥会比赛计时进行时——前功尽弃

《国网扬州供电公司服务地方经济社会发展白皮书 2016》内容截取

扫描二维码
获取该报告书

案例剖析

"电费怎么这么贵？"

"供电公司作为垄断企业，电价还不是由着他们随便定！"

"电费到底由什么构成的？"

"我开个小商铺，就要交更多的电费，凭什么呢？"

……

社会公众对于电费、电价政策经常有疑问。作为我国电力供应的主体单位，国家电网公司有义务、有责任，以正式的渠道回答类似上述的质疑。

国家电网公司在《公司的价值》白皮书中，对于电价政策、销售电价调整程序、平均到用户的销售电价构成等做了详细的解释说明。在白皮书中，读者不难体会到我国电网企业采取国有独资的经营方式是受政府管制最为严格的一种方式，政府拥有最终的电价制定权和重大投资决策权，电网企业的利润水平、电网布局、安全标准和服务水平均受到政府的严格管制。这些解释说明有效消除了社会公众因电费计价计量问题对国家电网公司产生的误解。

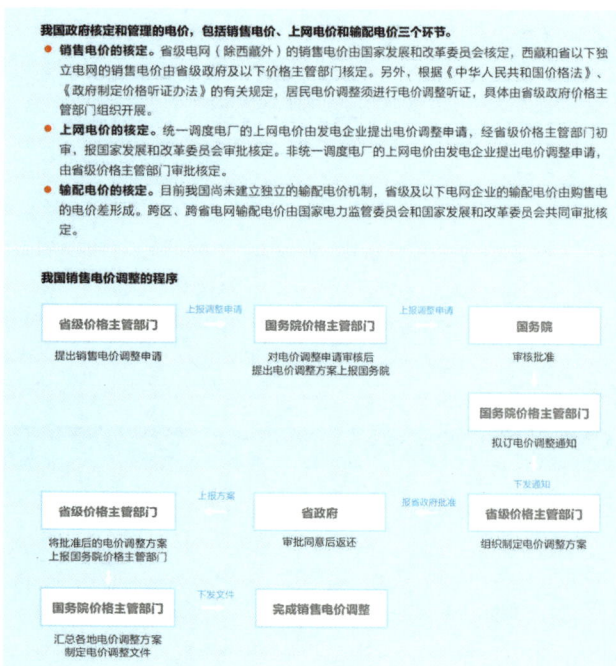

我国政府核定和管理的电价，包括销售电价、上网电价和输配电价三个环节。

- **销售电价的核定。** 省级电网（除西藏外）的销售电价由国家发展和改革委员会核定，西藏和省以下独立电网的销售电价由省级政府及以下价格主管部门核定。另外，根据《中华人民共和国价格法》、《政府制定价格听证办法》的有关规定，居民电价调整须进行电价调整听证，具体由省级政府价格主管部门组织开展。

- **上网电价的核定。** 统一调度电厂的上网电价由发电企业提出电价调整申请，经省级价格主管部门初审，报国家发展和改革委员会审批核定。非统一调度电厂的上网电价由发电企业提出电价调整申请，由省级价格主管部门审批核定。

- **输配电价的核定。** 目前我国尚未建立独立的输配电价机制，省级及以下电网企业的输配电价由购售电的电价差形成。跨区、跨省电网输配电价由国家电力监管委员会和国家发展和改革委员会共同审批核定。

我国销售电价调整的程序

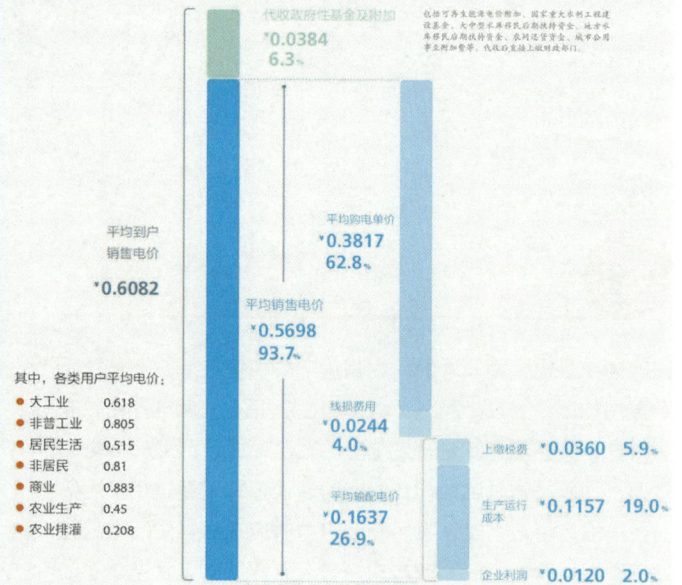

《公司的价值》内容截取

内容的呈现形式

报告书的内容一般有文字、数据、图表等呈现形式。报告书的内容完善后，应对文字、数据、图表等进行优化组织，通过变化叙述维度、美化报告书文风、解读数据隐含价值以及创意图片搭配等，精准实现报告书的表达意图，提升报告书更好的阅读体验。

多维度的叙述

专题

以专题形式对特定议题下同类履责实践的背景、过程、价值进行系统展现，可以深度解读履责实践背后的管理理念和管理逻辑。专题形式一般应用于多个同类履责实践的集中展示，且这类履责实践与利益相关方关联较大。

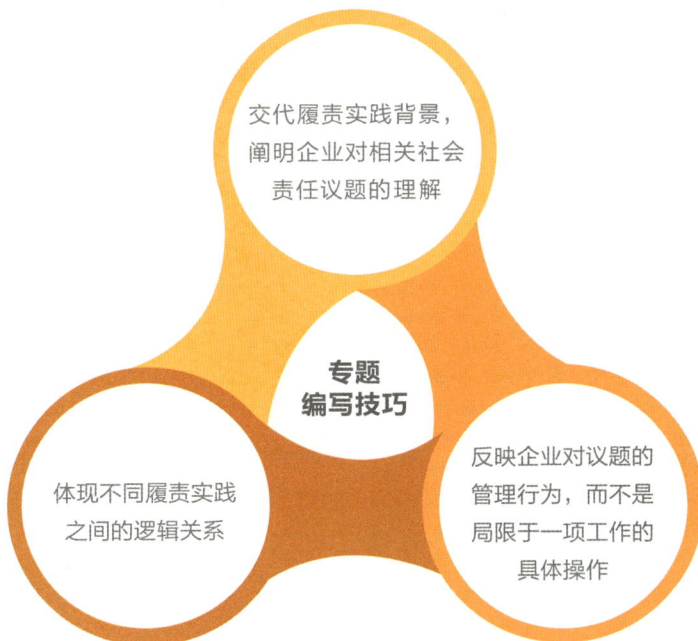

交代履责实践背景，阐明企业对相关社会责任议题的理解

专题编写技巧

反映企业对议题的管理行为，而不是局限于一项工作的具体操作

体现不同履责实践之间的逻辑关系

案例剖析

国网湖北电力在白皮书中以专题的形式,全面展示了企业 2014 年的抗冰保电工作。专题使用一系列数据来说明自然灾害造成电力设施受损的严重程度,讲述了抗冰保电工作的背景,阐述了企业在抗冰保电时的三条主要管理措施,并使用丰富的数据和图片来体现灾害天气下抢修工作的过程与成效,同时引用媒体新闻报道作为佐证。

专题

雪白旗红
2014 抗冰保电全记忆

2014 年 2 月 5 日至 2 月 19 日,湖北境内连续出现三轮大范围低温雨雪冰冻灾害天气,鄂西南、鄂西北、鄂东南等地区经受了持续冰冻灾害,局部电网覆冰严重,大部分地区电力设施不同程度受损,部分山区农村供电被迫中断。湖北电网 8 条 500 千伏线路因覆冰、舞动先后 19 次跳闸;6 条 220 千伏、12 条 110 千伏、25 条 35 千伏线路停运,杆塔受损 37 基,线路断线 78 处,18 座 35 千伏变电站一度短时停运;635 条 10 千伏线路、40 条 0.4 千伏线路不同程度受损,杆塔受损 16000 余基,造成 10704 个台区、812996 个客户停电,累计损失负荷约 38.06 万千瓦。

应急响应快速启动

向各地区电网分别发布雨雪冰冻预警 51 次,全力开展应急抢险保供电工作。累计出动抢修人员 56700 人次、车辆 7500 台次,向受灾地区调配铁塔、变压器、配电箱、水泥杆、导线等应急物资 27 个批次,总金额约 18071 万元。

跨区联动紧急抢修

调派武汉、荆州、襄阳等 6 家供电单位合计 674 人的应急抢修队伍支援宜昌、恩施重灾区。其中,为保障恩施地区民生用电需求,公司紧急从荆州、荆门公司调配应急发电车 6 台、小型发电机 200 余台,星夜兼程赶往恩施谋道镇等重灾区,为当地居民提供临时电源,送去光明。紧急从宜昌、黄冈、黄石公司调集雪地帐篷、防寒靴、棉帽、手套等应急物资运往恩施重灾区,为冰雪天气中受灾居民送去温暖,送去国家电网人真挚的爱心。经过连续 15 天的奋战,所有因灾停电客户全部恢复供电。

停电信息及时发布

2 月 5 日至 2 月 20 日期间,公司及时向社会发布受灾及停电信息,并通过各级主流媒体向社会各界介绍公司抗灾保电工作。公司 95598 话务量共计 291817 起,日均话务量 13896 起。公司客户回访率、满意率均为 100%,在灾害面前未发生一例服务投诉事件。

中央电视台对公司应对雨雪冰冻灾害予以高度关注,连续报道 30 篇(次)。

《电靓荆楚　美丽乡村——服务湖北县域经济社会发展白皮书 2014》内容截取

影响力事件

以社会责任视角，采用影响力事件的呈现形式来重新描绘已经引发强烈社会反响和公众关注的某项工作，具有创新性、领先性和独特性。这种叙事方式在陈述事件基本元素（时间、地点、人物等）的基础上，重点展示事件的结果和影响；通过对事件信息的重复传输，持续深化读者对事件的印象。

影响力事件形式一般用于展示最能对读者思想或行动产生影响的履责实践，这一实践往往具有较广泛的社会意义和影响。

选取已经发生的真实事件作为素材

突出事件的经济、环境、社会综合价值与深远影响

影响力事件编写技巧

有明确的主题思想，反映某项社会责任议题、利益相关方责任

标题醒目、精炼、易懂，高度概括事件的核心内容

案例剖析

"首个特高压工程带来远方的清洁水电"作为《创新点亮品质生活2020——国网江苏省电力公司服务地方经济社会发展白皮书》所披露的十件影响力事件之一，标题精炼地展示了特高压工程的价值本质；事件描述时阐述了江苏省当前面临的能源挑战，引出特高压工程的必要性和重要性，同时客观介绍了已开展的特高压建设工作，并重点阐述了企业在特高压建设对环境影响上的管理成效，最后借助数字绩效强调了特高压工程带来的经济、环境、社会积极影响和综合价值创造。

01 首个特高压工程带来远方的清洁水电

江苏经济的迅猛发展催生了对能源消费的旺盛需求，但化石能源消耗所带来的资源枯竭和环境污染，也日益成为我们难以承受之重。

作为国家"西电东送"重点工程，锦屏－苏州特高压直流输电工程于2012年建成投运，是落地江苏的首个特高压工程。特高压工程输送的区外来电，不仅可以保障江苏的电力供应，有效缓解迎峰度夏期间的用电紧张局面，满足江苏经济发展和能源结构转型的需求，更是加速了江苏能源消费方式的深刻变革，开启了江苏绿色能源消费新格局。

"十二五"期间，锦屏－苏州、淮南－南京－上海、晋北－南京、锡盟－泰州等特高压交直流工程相继开工建设，带领江苏电网进入特高压时代。

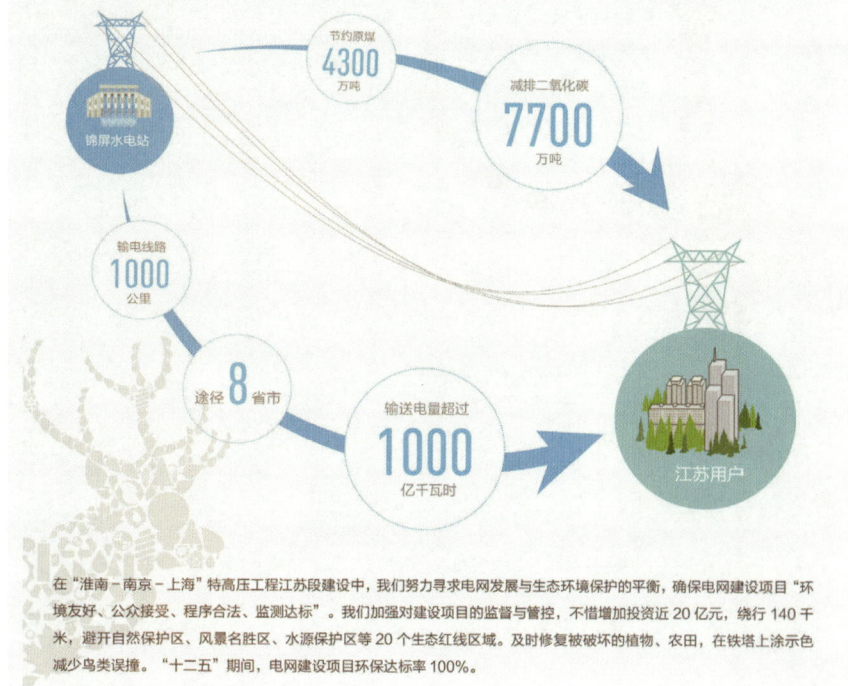

在"淮南－南京－上海"特高压工程江苏段建设中，我们努力寻求电网发展与生态环境保护的平衡，确保电网建设项目"环境友好、公众接受、程序合法、监测达标"。我们加强对建设项目的监督与管控，不惜增加投资近20亿元，绕行140千米，避开自然保护区、风景名胜区、水源保护区等20个生态红线区域。及时修复被破坏的植物、农田，在铁塔上涂示色减少鸟类误撞。"十二五"期间，电网建设项目环保达标率100%。

《创新点亮品质生活2020——国网江苏省电力公司服务地方经济社会发展白皮书》内容截取

特写

对某项工作的重要过程和关键时点采用特写形式进行细致刻画，用现实的场景、典型的人物再现履责实践画面，这种叙述方式具较强的感染力，可以增强读者的带入感。

特写形式一般用来表现专业工作背后的细节。考虑到报告书不可能对每一个履责实践进行细致介绍，可以选择大部分读者不了解、没经历过的工作细节进行描述。在报告书中，将工作进行特写表达时应以真实性为前提，以真人真事为基础进行客观描述。

特写
编写技巧

人物、事件并重，围绕具体的企业员工或外部利益相关方的行为展开

有明确的主题思想，反映某项社会责任议题、利益相关方责任

突出供电企业管理、行为的变化

反映企业员工、外部利益相关方认知的变化

案例剖析

国网北京电力在报告书中讲述了一个"煤改电"工程中发生的真实故事。故事主角是一位坚持抄表 10 年、对电价敏感程度较高的学校老师，他代表了一批在"煤改电"中有强烈诉求的居民。故事开始，从朱老师对"煤改电"工程的怀疑态度引出国网北京电力推行"煤改电"工程的背景、面临的困难。一组数据展示了朱老师的取暖费金额变化，也间接反映了朱老师的情感变化，证明了国网北京电力"煤改电"的工作成效。

案例

居民眼中的"煤改电"

家住北京市西城区西四北二条的武老师是"煤改电"工程的受益者。从怀疑到称赞，从不懂到习惯，武老师切切实实感受到了"煤改电"的好处。

"煤改电"施工前，国网北京电力坚持联合街道和社区，向居民宣传"煤改电"工程的政策和好处。但作为首批试点对象，武老师和大多数居民一样，持有怀疑态度。"煤改电之后，生活成本是否会更高？"成为居民心中最大的疑虑。

工程改造完成后，武老师坚持每天抄录电表读数，整整抄了10年。"最近几年的电价一直没有变化，家里安了3台电暖器，每年取暖的电费是2400元，但是享受国家政策，市、区两级各补贴0.1元/千瓦时，一冬下来，其实只花了800元的取暖费。而近几年的蜂窝煤价格，从2009年的0.8元/块涨到如今的1.5元/块，再加上运费，成本明显上升。每天烧12块煤才能基本保障室内温度，150天的采暖季烧掉1800块蜂窝煤，花费2880元，比用电贵了2080元"。经过实践检验后，武老师感受到了"煤改电"带来的经济实惠。更重要的是，以前搬煤、倒煤灰，家里到处是灰尘，现在不污染空气了，真正达到了节能环保的效果。想到自己能为首都蓝天贡献点力量，武老师感到分外高兴。

国网北京电力《清洁首都空气电力行动 2013》内容截取

利益相关方评价

利益相关方评价是指政府、用户、供应商、媒体等利益相关方代表针对企业业务工作的过程、结果所反馈的评价信息。采用这种信息呈现方式可提高报告书的可信度。

利益相关方评价一般用来表达不适宜以企业立场表达的观点，通过第三方将专业工作创造的价值有效传达给读者。使用利益相关方评价时，应以客观性为前提，如实呈现相关文字表述或实物图片。

利益相关方评价信息来源

- 政府部门给予的批示或表扬信息
- 用户发来的表扬信、满意度调查中的反馈
- 第三方专业机构、权威媒体的调查采访
- 行业、科研机构、权威媒体发布的排名与评级
- 供应商满意度调查中的反馈
- 公益项目受益群体的反馈
- ……

案例剖析

国网新疆电力——"电亮"新生活

新疆地域辽阔，农牧民居住分散，农村电网线路长、投资大、成本高，存在供电线路老化、过载等用电"卡脖子"问题。国网新疆电力自1998年开始实施的农网改造升级工程，对新疆农牧业发展起到了重要的推动作用。

国网新疆电力在白皮书中，大量引用反映工作成效的利益相关方反馈与评价，包括对农网改造升级工程难度的说明、对农网改造升级工作为其带来便利的感谢等，描述了一幕幕因农网改造升级后，新疆农牧民幸福生活的场景。这些利益相关方的反馈与评价非常客观地展现了国网新疆电力在农网升级改造方面的工作成效，即让新疆的农村更加繁荣、农牧民更加富裕。

扫描二维码
获取该报告书

最西部：光耀祖国最西端

2013年6月3日上午，新疆乌恰县吉根乡斯姆哈纳村通电，村委会主任铁米尔·图尔迪拜克打开电视，拿起遥控器，找到柯尔克孜语频道。

"以前供电不稳定，刮风下雨下雪经常停电，有时一停电就是一两个星期。因为供电问题，手机电池经常损坏，家家户户买了一台变压器（注：稳压器）。"铁米尔·图尔迪拜克说，"即使这样，一年也就用半年电。"尤其是10月至次年4月大雪封山后，村里跟外界联系中断，电视看不到、广播听不了，大家不清楚天气情况，也不知道是否该放牧。

此外，对于家庭年均收入仅有2000元的村民来说，电费负担很重。帕热古丽·齐克说："过去，一度电六毛七分钱，对农牧民来说还算高的。"

通电给斯姆哈纳村带来了新希望，也把远在5500千米外的北京跟这里更加紧密地联系起来。

" 今天终于有中央一台了，这是无线的，以前看不了。""北京、乌鲁木齐、广州是什么样子的，从电视里看到了，我们非常高兴。""致富有盼头了。""我们在这里戍边干劲更足了。"

——帕热古丽·齐克
等柯尔克孜族牧民

《国网新疆电力公司服务新疆经济发展和社会稳定白皮书2016》内容截取

案例剖析

国网湖北电力——服务县域经济社会发展

国网湖北电力在白皮书中以"建设坚强电网，为县域经济社会科学发展增动力"为主题，从电网投资规模增长、服务水平提升等角度，着重展现现湖北农村的电网建设工作。

白皮书中，《柴油机被"打入冷宫"》和《"直管"1年：电网投资是过去18年投资总额的5倍》两个案例均引用用户感受来说明电网建设前后供电水平的变化。用户代表选取具有代表性，选取的是湖北县域经济中常见的生产、生活主体；引用的用户反馈和评价平实质朴，可代表广大用户的心声。

案例

柴油机被"打入冷宫"

夏天高温期间，鱼塘的高密度养殖对增氧要求高，供电质量尤为重要。武汉汉南区邓南街建新村的李绪恩是有名的养鱼大户，承包了1200亩养殖水面，年产值超过千万元。

"随着规模的扩大，以及村里越来越多的人养鱼，电压越来越低，用电饭煲做饭要1个小时，增氧机无法启动，因为增氧机开不了，导致鱼池'翻塘'的事可不少"。李绪恩回忆起以前的用电状况就"头疼"。以往村里的小鱼池每5亩需要配一个增氧机，大鱼池则要配两三个，一到高温，增氧机每天就要开五六个小时，因为夏季大家都需要充足的电力，所以以有的时候，电机就启动不了。

为破解客户用电难题，国网汉南区供电公司投入资金1.2亿元用于农村电网改造升级。随着供电质量的提高，汉南区成为省内首个告别"低电压"的区（县）。

"现在可好了，供电公司对村里进行了农网改造，用电有保障了"，李绪恩说。现在他的鱼塘用电没有了后顾之忧，养殖密度也提高了，之前用的柴油机被"打入冷宫"。

案例

"直管"1年：电网投资是过去18年投资总额的5倍

2013年底，黄冈龙感湖管理区电力公司正式整体上划国家电网公司，更名为国网龙感湖区供电公司。

据统计，1996年至2013年的18年间，龙感湖地区电网建设投资仅1700余万元，受体制制约，资金渠道不畅，导致电网基础极其薄弱。2014年上划以来，公司持续加大对龙感湖地区的电网建设投入，着力完善主网和配网结构，提高供电可靠性。投入6517万元新建110千伏变电站1座，投入配电网改造项目、农网升级改造项目资金2000万元，完成了74个台区的改造工作，新建及改造10千伏线路147.87公里，一年的电网投资总额是过去18年投资总额的5倍。

"作为老牌纺织企业，不仅需要现代化的先进生产线，更需要供电企业给我们提供坚强可靠的供电保障，一旦突然停电将会造成巨大损失。原来一个月总要停几次电，给我们生产造成很大的困扰。现在很少停电，供电质量高了，我们用电不再犯愁了"，龙感湖区湖北卓尔雪龙纺织有限公司负责人邓建林对现在用电状况的变化感触颇深。

《电靓荆楚 美丽乡村——服务湖北县域经济社会发展白皮书2014》内容截取

社会化的数据解读

数据是报告书中的重要信息，可以反映企业履责实践的进展、利益相关方期望的实现程度及未来履责目标的设定，使利益相关方了解企业履责意愿、理解工作价值，对企业未来的履责计划有所期待。因此，需要对数据进行社会化表达，将数据背后的含义准确、通俗、形象地"翻译"出来却又不失关键专业信息，使利益相关方能看懂、易感知、有共鸣。

① 与谁有关
思考与数据有关联的利益相关方

② 与什么有关
从对利益相关方产生积极影响的角度，寻找与数据相关的社会责任议题

实现数据的社会化表达

④ 解读关系
将价值或影响，运用转化、延展和类比的方法，表述为读者便于理解的表达形式

③ 具体关系
在该责任议题中，数据的变化为利益相关方创造的价值或带来的影响

案例剖析

国网江苏电力在白皮书中，抽取社会责任关键绩效指标 14 项，利用 8 页（白皮书总计 45 页）的篇幅形成一个独立章节"数字背后的品质转变"，对外展示关键绩效指标在"十二五"期间的变化，并作出"十三五"期间的履责承诺。

国网江苏电力在白皮书中重点展现数字背后的供电质量和企业体量的提升，深刻解读供电企业创造的价值。国网江苏电力将关键绩效指标展示分为两个层次：第一个层次，以"少停电""省心电""绿色电"等六个"电"将 14 项指标分类，每个类别的命名都与利益相关方的核心感知相关联；第二个层次，着重阐述每个关键绩效指标对利益相关方的价值点，以及指标值变化背后国网江苏电力的努力。

"数字背后的品质转变"章节丰富了整本白皮书的绩效部分，不仅体现了国网江苏电力沟通透明的意愿，也加深了利益相关方对于国网江苏电力工作价值的理解。

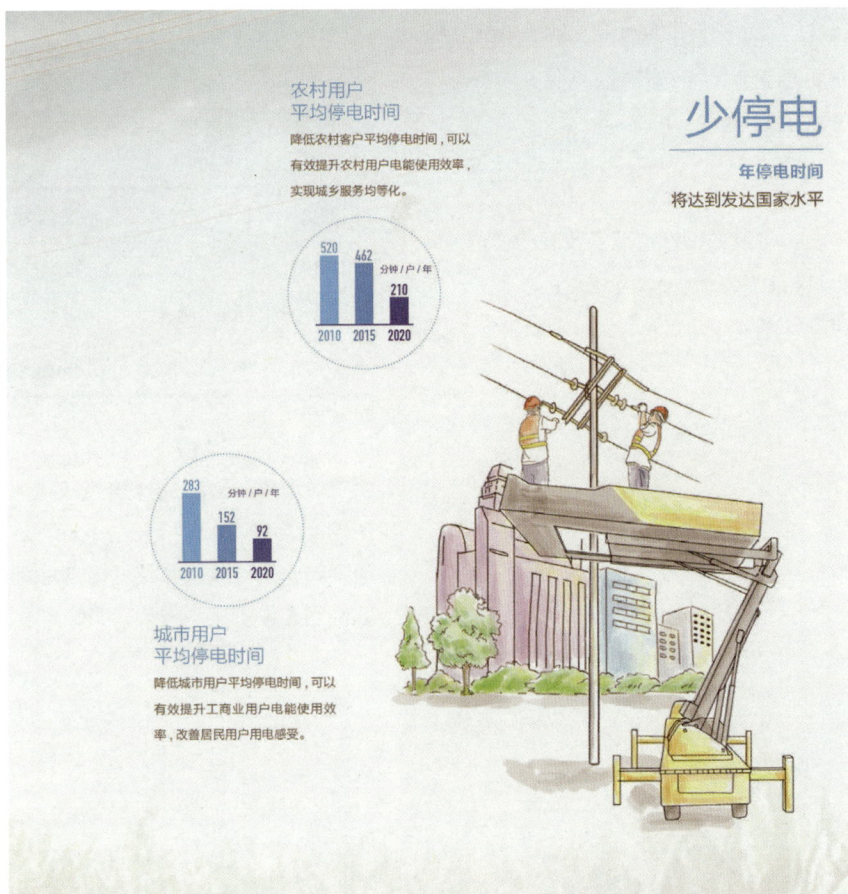

农村用户平均停电时间
降低农村客户平均停电时间，可以有效提升农村用户用电能使用效率，实现城乡服务均等化。

520　462　210　分钟/户/年
2010　2015　2020

少停电
年停电时间
将达到发达国家水平

城市用户平均停电时间
降低城市用户平均停电时间，可以有效提升工商业用户用电能使用效率，改善居民用户用电感受。

283　152　92　分钟/户/年
2010　2015　2020

《创新点亮品质生活 2020——国网江苏省电力公司服务地方经济社会发展白皮书》
内容截取

案例剖析

关键绩效指标社会化表达技巧

类比：以比喻的形式解读绩效指标，运用读者熟悉的语言解释专业工作表述。

支持清洁能源发展	工作表述	社会表达
	2015 年接纳并输送超过一亿千瓦清洁能源	"相当于又并网了五个三峡"

"2015 年接纳并输送超过一亿千瓦清洁能源"是非常专业的工作成效描述，无电力相关学科专业知识背景的读者读到这段文字，无法对"一亿千瓦"的价值做出评判。因此，可将其类比为大多数读者比较熟悉的"三峡工程"，帮助读者快速建立对于这项工作价值大小的判断。

转化：将绩效指标解读为利益相关方更易理解，且与利益相关方有所关联的描述。

延展：将绩效指标背后所代表的价值影响与社会发展、大众生活品质提升建立联系。

	转化 →	延展 →
业务术语表达	考虑社会感知	社会化数据衡量
供电可靠率	减少户均停电时间	提升 GDP 增长百分比
城市、农村供电可靠率	城乡停电时间缩小	支持县域经济增长百分比
特高压工程累计输电量	等值的输煤量	促进二氧化碳减排量

"供电可靠率"是企业核心的绩效指标，但无法直接让用户理解，可将其转化为"减少户均停电时间"进行表达，与利益相关方的感知建立联系。为了进一步说明其价值影响，也可以从"减少停电时间小时数"延展至"提升 GDP 增长百分比"，用以说明工作价值影响大、影响广。

精致的文字描述

拟定标题

《国网福建省电力有限公司绿色发展白皮书 2014》中"绿色发展"主题下的各标题相互独立、简单易懂、直接点题。标题还采用动宾结构，体现了国网福建电力主动开展绿色实践，服务福建省绿色发展的意愿。

标题的逻辑要求

层次性：同一级别的标题在同一个层面上，上一级别的标题逻辑上包含下一级别。

单一性：一个标题只表达一个意思，同一级别的标题相互独立，避免含义交叉。

准确性：标题表达的含义与所写内容一致。

简明性：标题在对内容高度概括的基础上，简单易懂。

绿色实践
我们在行动

优化能源配置，打造绿色平台
实施电能替代，建设绿色家园
推动节能减排，促进绿色发展

绿色展望
我们共努力

能源配置
电能替代
节能减排

扫描二维码
获取该报告书

《国网福建省电力有限公司绿色发展白皮书 2014》内容截取

《广州供电局有限公司社会责任实践 2014》以"建设坚强电网"为标题，概括了广州供电局规划电力蓝图的履责计划和推进电网建设的履责实践，直指企业的核心工作。

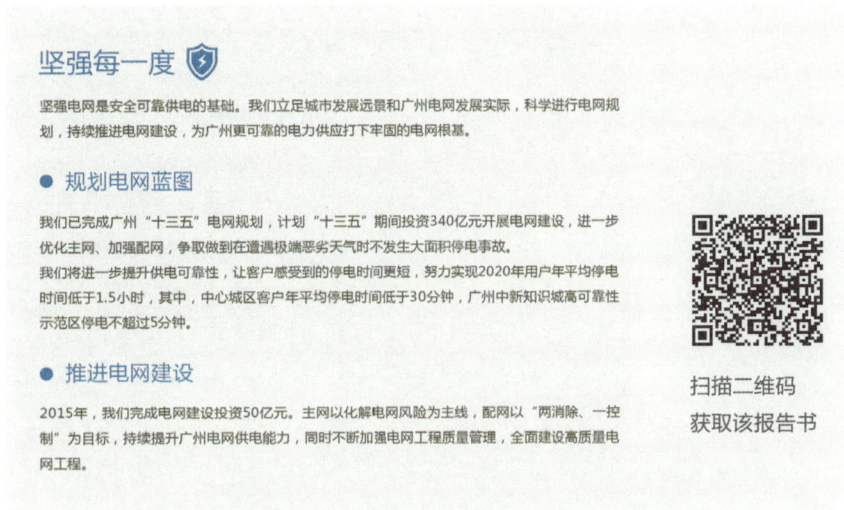

标题的表达要求

体现主动性：是主动态度的表达，而不是被动响应号召。

体现核心工作：直接反映供电企业的核心工作。

体现价值影响：点明专业工作所产生的价值和影响。

坚强每一度

坚强电网是安全可靠供电的基础。我们立足城市发展远景和广州电网发展实际，科学进行电网规划，持续推进电网建设，为广州更可靠的电力供应打下牢固的电网根基。

● **规划电网蓝图**

我们已完成广州"十三五"电网规划，计划"十三五"期间投资340亿元开展电网建设，进一步优化主网、加强配网，争取做到在遭遇极端恶劣天气时不发生大面积停电事故。
我们将进一步提升供电可靠性，让客户感受到的停电时间更短，努力实现2020年用户年平均停电时间低于1.5小时，其中，中心城区客户年平均停电时间低于30分钟，广州中新知识城高可靠性示范区停电不超过5分钟。

● **推进电网建设**

2015年，我们完成电网建设投资50亿元。主网以化解电网风险为主线，配网以"两消除、一控制"为目标，持续提升广州电网供电能力，同时不断加强电网工程质量管理，全面建设高质量电网工程。

扫描二维码
获取该报告书

《广州供电局有限公司社会责任实践 2014》内容截取

语言风格

报告书不宜采用工作总结的语言风格，应使用政府了然于胸、百姓耳熟能详的语言，形成严谨或亲切的语言风格。严谨的语言风格适用于表述供电企业价值影响中务实、理性的一面，如表明携手伙伴共谋科技进步、与政府共促战略政策落实等。亲切的语言风格适用于表述供电企业价值影响中温暖、感性的一面，如讲述对用户的贴心服务、对社区的奉献关怀等。

案例剖析

国网枣庄供电公司在报告书中设置了"幸福新枣庄魅力图景"篇章，采用亲切的叙事风格描述了一幕幕平凡生活场景，通过展现温暖灯光下的一个个幸福剪影，使读者产生共鸣，感知供电服务对日常生活的影响与价值。

城市老人于卫国： 每天驾着他新购置的电动车上街买菜，接送小孙子上学。

货船老板贾万军： 在自家的货船上安装了光伏发电线路及设备，供电人细心的检查，让船民更安全更放心地行驶在京杭大运河上。

商务人士何淼： 常常乘坐高铁来往于济枣之间，习惯把安全舒适的高铁旅程当做差旅途中难得的休憩时光。他或许不知道国网枣庄供电公司为提高高铁用电的可靠性所做出的努力。

《国网枣庄供电公司服务枣庄经济社会发展履责行动 2014》内容截取

《国网冀北电力有限公司全球能源互联网张家口创新示范区发展白皮书》在报告书尾篇发起责任倡议，采用严谨的语言和规范的表达阐述国网冀北电力对支持全球能源互联网建设、落实国家能源发展政策的决心。

扫描二维码
获取该报告书

倡议

一直以来，我们始终坚持以服务河北省经济社会发展、支持清洁能源发展为己任，坚持规划引领，加快推动以特高压为主的各级电网建设，保证清洁能源并网和输送，坚持清洁能源优先调度，开展清洁能源企业满意度调查和风电场功率预测，构建和谐的调度运行环境。围绕服务全球能源互联网张家口创新示范区发展，我们确定了一系列任务清单，已行走在路上。

构建全球能源互联网张家口创新示范区，需要各级政府、企业、社会组织和个人戮力合作，凝聚共识和力量。为此，我们倡议：

一、明确发展方向。助力全球能源互联网张家口创新示范区建设，实现清洁电力的可持续发展，有效解决清洁能源大规模开发和消纳难题，以清洁和绿色方式满足河北和北京地区电力需求，促进生态文明建设。

二、搭建合作平台。坚持共商、共建、共享、共赢的原则，广泛吸纳致力于推动能源可持续发展的相关企业、组织、机构和个人，共同推动全球能源互联网张家口创新示范区在理念、战略、技术、合作、项目等方面实现全面突破。

三、加强宣传推广。广泛开展清洁能源应用宣传，让绿色、便捷、持续、清洁的清洁能源覆盖经济社会各个领域，真正走进张垣大地的千家万户。

让你我携手，共同推动全球能源互联网张家口创新示范区建设，将其打造成为我国全球能源互联网建设的一张有力名片，开辟更加广阔的发展空间，迈入可持续的明天。

《国网冀北电力有限公司全球能源互联网张家口创新示范区发展白皮书》内容截取

恰当的图片选用

报告书常以图片展示现实工作、生活中的真实场景，使企业为社会创造的价值具象化。图片在报告书中不仅仅作为文字表述的配图，也是一种图形化的语言，是对文字信息的有效补充，更符合现代阅读习惯。

每张图片均包含丰富的信息要素，并以一种更为感性、直观的方式传递给读者，成为报告书传递价值的第二种信息载体。报告书中的理想图片不仅可以直接传递画面本身的信息，还可引导读者关注与理解图片关联的履责理念和履责行动，触发读者感知企业在服务地方经济社会发展中的角色定位。

报告书可选用以下两种类型的图片：

以工作画面为主，展示企业的履责实践，
突出企业的自我表达，直接反映企业业务创造的价值。

直接表达

间接表达

以利益相关方的生产、生活画面为主，展现专业工作给利益相关方带来的影响，
间接反映企业业务创造的价值。

图片类型举例

企业业务	履责实践画面主题	利益相关方的生产、生活画面主题
大规划	• 电网规划研讨工作场景 • 向政府汇报电网规划方案的场景 • 将清洁能源并网发电纳入规划的工作场景 ………	• 政府重点项目建设顺利开展的场景 • 电网精益化规划过程中，收集农村用户用电诉求的工作场景 ………
大建设	• 重点电网工程建设施工及建成后场景 • 重点电网工程环评工作场景 • 重点电网工程安全、健康管理配套设施场景 ………	• 电网建设施工期间，周边居民安居场景 • 电网建设施工期间，周边生态环境优美的场景 ………
大运行	• 绿色调度工作场景 • 提供合同能源咨询服务的工作场景 • 停电协调会会议场景 ………	• 清洁能源上网场景 • 与发电企业畅通沟通，严格执行"公开、公平、公正"调度与交易合同的工作场景 ………
大检修	• 检修通知及时发布，与重点客户沟通场景 • 重大活动保电现场工作场景 • 突发事件下，电力抢修人员敬业奉献工作场景 • 指导用户安全用电工作场景 ………	• 大型文体、政治活动场景 • 极端天气下，有条不紊的生产场景或惬意的生活场景 ………
大营销	• 营业厅窗口、95598 服务热线工作场景 • 大客户经理、社区经理服务用户工作场景 • 用电检查员、抄表员工作场景 • 推进电力知识普及与宣传场景 ………	• 用户使用 APP 交费场景 • 智能家居生活场景 • 对用电有特殊需求的生产生活场景，如电子产品生产线、医院等 ………
人、财、物等 综合管理	• 员工文体活动、志愿活动场景 • 企业与政府、媒体、社会各界多渠道沟通和交流场景 • 重要科技创新成果展示的场景 ………	• 扶贫帮困、助老助残助学等社会公益活动场景 • 环保低碳公益活动场景 • 公益活动受益群体特写画面 ………

案例剖析

一般来说，在图片中突出某种元素，倾向于将该元素放在比较明显的位置。国网江苏电力在《创新点亮品质生活 2020》中，为了更好地体现充电桩与电动汽车的关系，图片采用非常规视角，以汽车后视镜为主要画面，在后视镜中倒映出一位市民骑行自行车的场景，隐含着电动汽车和自行车都是绿色出行的选择方式；图片右下角的电动汽车充电桩表达了国网江苏电力在提倡绿色出行中的实际工作与贡献。图片画面有新颖感、纵深感，与文字浑然一体。

促进电能替代

大力实施"以电代油、以电代煤、电从远方来，来的是清洁电"战略，拓展电能替代的新领域、新技术和新服务，提升电能在终端能源消费中的占比。

建成 1 公里和 3 公里城市快充圈，实现高速公路电动汽车充电站全覆盖。建成统一车联网平台，电动汽车可通过车载终端、手机 APP 轻松实现充电车位查询预约、充电状态远程控制和充电费用在线支付等功能。

推广岸电系统，统一岸电接口，建成岸电运营平台。推动岸电国际标准出台和岸电设备全国普及，实现岸电服务业务全国联网。

逐步关停燃煤自备电厂，以公用电厂高效大机组发电替代高耗能、高污染的燃煤自备电厂小机组。

《创新点亮品质生活 2020——国网江苏电力服务经济社会可持续发展白皮书》内容截取

在使用图片素材中还应注意两个问题：

选择图片的风格尽量协调一致，在可能的情况下采用由专业摄影团队拍摄的整体风格统一的照片，并有意识地突出地域特色。

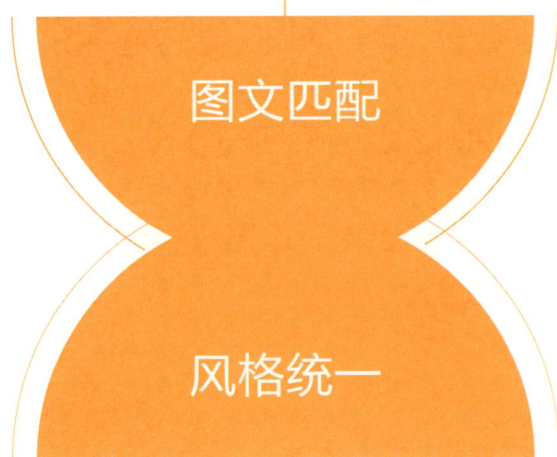

图文匹配

风格统一

选用图片时，要注意图片的色彩与报告书整体版面的色彩两者之间的协调性，使报告书的整体风格保持连续性，色彩搭配适当。

为了更好地管理和运用图片，需要持续性地积累图片素材。一方面，在平时的生产运营过程中注意积累有价值的新闻图片；另一方面，定向拍摄以可持续发展为主题的创意图片。

报告书推动管理

报告书内容反映的是企业的管理思想、行为和结果，是对企业发展战略、履责实践与绩效、履责计划与行动、履责目标与承诺的系统性回顾、总结与展示。报告书质量在一定程度上受企业管理水平的影响。因此，可以将报告书的编制过程作为对企业管理现状的检验，以发现企业管理中的不足和挑战，一方面服务于企业管理提升与创新，另一方面为报告书质量的持续提升指明方向。

绩效管理

报告书中包含了大量的数据信息，这些数据中相当一部分属于履责绩效，与企业的绩效管理紧密相连。履责绩效信息的丰富程度，反映出企业是否能够对决策、运营产生的影响进行全面的识别、衡量和监控，能否将社会责任理念真正融入经营管理行为。如果报告书中绩效数据过少，可能会使读者产生"企业对社会责任、可持续发展的理解仍停留在概念、认知阶段，尚未与日常管理有机融合"的负面印象；如果报告书中绩效数据丰富，将令读者对企业秉持的社会责任理念更为认同。

现象

- 报告书中绩效数字过少

原因分析

- 企业已经开展了相关管理，但是由于信息收集体系尚不完善，这些绩效数据未能收集、汇总

- 利益相关方关心的部分绩效数据尚未纳入公司绩效管理体系中，一些体现利益相关方创造价值的绩效数据尚未进行定期统计

改进措施

- 完善指标体系：在现有绩效指标体系中，补充能够衡量企业对环境、社会可持续发展贡献度的绩效指标，使企业业务工作的价值得以全面呈现

- 开展数据统计：将新增的绩效指标统计工作分解到相关部门、业务单元和岗位

- 应用指标数据：如发现部分绩效并未达到对外的承诺水平或呈下降趋势，需要分析原因、制定改进措施，并适当将此情况对外披露，赢得外部的理解与支持

沟通管理

报告书的编制和发布，从沟通内容、沟通方式、沟通渠道等方面为企业沟通管理的系统化、规范化、结构化、制度化提供了有力支撑。

从新方式到常态化

尽管报告书的编制和发布是最近十几年新兴的一种企业沟通方式，但它已经成为众多优秀企业的共同选择。报告书一般按照固定的时间间隔发布，例如按年度。这促使以追求共赢以及经济环境社会综合价值创造为导向的沟通，成为公司常态化的沟通方式。

从单向到双向

在报告书编制的过程中，企业通过问卷、座谈等方式了解政府部门、用户、媒体、合作伙伴等不同利益相关方的意见和建议，把握不同利益相关方对信息的需求，推动了企业与利益相关方之间的互动，改变了企业以往单向发布信息的沟通方式。

从告知到信任

报告书是企业将信息与利益相关方共享的产物，因此在表达中更多地以利益相关方视角阐述企业的思考与行动，并非单纯介绍工作。其目的不局限于解释企业工作的专业性，而是拓展到让利益相关方理解企业为什么这么做、这么做的好处有哪些、与"我"有什么关系，如何与企业达成共识、建立信任的关系。

为了发挥上述沟通价值，建议企业围绕报告书开展持续化的沟通。一方面，将报告书的发布打造成一项品牌化年度活动，让外部利益相关方对报告书有记忆、有期待。另一方面，对报告书的内容进行二次传播，利用新媒体等手段，将报告书的章节和案例或单一传播或重新组合传播，最大化报告书的传播价值。

文化管理

报告书的编制需要各业务、职能部门的配合，并且需要上至公司领导、下至一线员工的参与支持。报告书的编制过程实际上是将社会责任理念在企业内部进行学习、讨论和理解的过程，这在一定程度上促进了社会责任理念在企业内部的传播和认同，有助于培育负责任的企业文化。

自豪感 ① ② **归属感**

每个员工处在自己的岗位上，其视野可能有一定的局限性，未必对本职工作的价值真正了解。报告书是通过价值创造的视角来阐述企业的各种业务，为员工打开了一个新视角，把原本那些员工心目中认为很平常的事情用一种责任的视角放大，让员工深刻了解自身工作对利益相关方的影响力。

当员工更多地意识到所在企业为社区发展与社会和谐所做的贡献时，员工对工作的责任感和敬业度都会大大地提升，其工作积极性也会被激发，对社会责任的认知也会潜移默化到日常行为之中。

认同感 ③

引导不同部门的员工将报告书中对工作的描述方式、表达方式运用到与外部接触、沟通的场合，让每一位员工成为报告书的宣传使者，成为企业的责任名片。

风险管理

报告书的编制和发布，推动了企业透明度的进一步提升。在现今的社会环境下，企业对外披露的内容越多、越透明，越会引发更多的关注，暴露在利益相关方面前的风险点也会越多。针对这一情况，如果企业采取保守方式，尽可能降低主动性的信息披露，可能会在短时期内降低风险发生的可能性。但如果不从根本上管控风险，风险发生的可能性仍然存在。而报告书编制过程可以作为风险识别的一个有效方式，特别是针对社会、环境类的风险，发挥对企业风险管理的补充作用。

社会责任视角下的企业危机

在一定程度上讲，绝大部分企业危机的发生都可以归因到对利益相关方责任的缺失。

① 资料收集阶段

从外部利益相关方视角搜集、整理有价值的信息点，当发现无法收集到足够的内部信息回应外部诉求时，这些无法回应的关注点可被视作潜在风险。

② 调研访谈阶段

那些较易引起利益相关方情感反应，特别是利益相关方持有否定、质疑、批判态度的议题、行动，可被视作潜在风险。

③ 发布传播阶段

报告书发布后，持续关注利益相关方反馈。当利益相关方在企业现有管理范畴之外提出更高、更新、更多的要求时，这些要求可被视作潜在风险。

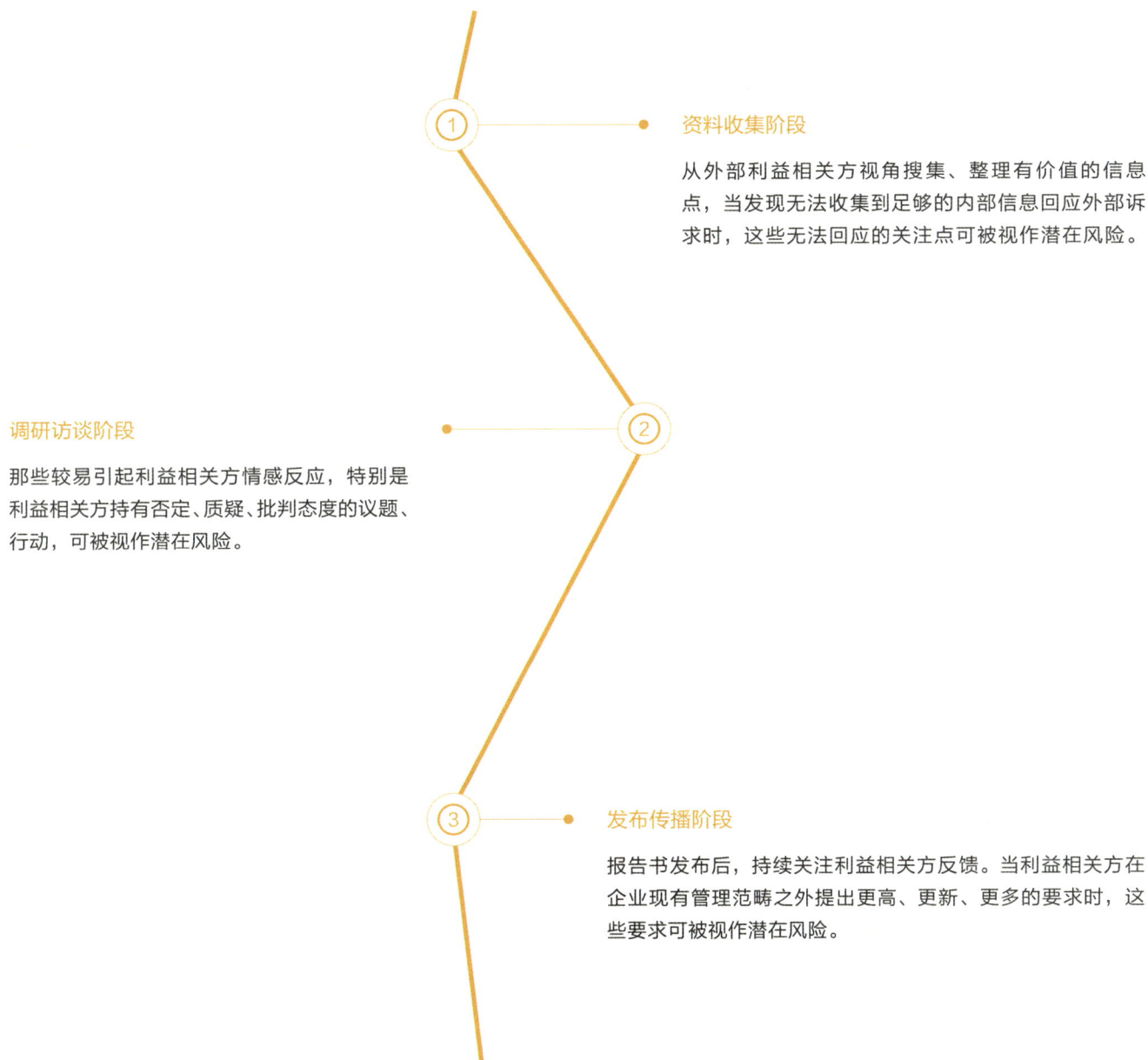

报告书编制过程中的风险识别

工具包

工具一 利益相关方识别工具

利益相关方	受到公司决策或活动的积极或消极影响程度（从1~10分，影响程度越来越大）	对公司的决策或活动的关注度（从1~10分，关注度越来越高）	参与公司的决策或活动（从1~10分，参与度越来越高）	帮助公司处理特定影响（从1~10分，帮助越来越大）	对公司声誉的影响力（从1~10分，影响越来越大）	总计得分
政府						
用户						
员工						
媒体						
社区						
……						

工具二 地方经济社会发展特点分析方法

在分析地方经济社会发展特点时，可通过以下问题进行剖析：

1. 地方政府未来的整体规划是什么？

2. 地方政府年度总体发展状况是什么？

3. 地方政府及社会公众的关注热点是什么？

4. 企业业务运营与地方政府未来规划的结合点是什么？

5. 企业业务运营与社会公众的关注热点有什么关系？

6. 企业通过专业工作是否能够帮助解决社会问题与挑战？

工具三 座谈会／恳谈会参考议程

会议时间	
会议地点	
参加人员	企业代表：
	媒体代表：
	利益相关方的意见领袖：
	……
具体议程	介绍会议的主要目的
	企业介绍战略、社会责任工作等
	利益相关方对企业社会责任工作、上一年度的报告书等进行反馈
	企业解答利益相关方的问题、质疑等
	……

工具四 利益相关方意见反馈调查表

尊敬的读者：

非常感谢您在百忙之中阅读本报告书。报告书在编写过程中难免存在瑕疵和疏漏之处，为不断改进编制工作，我们特别希望倾听您的意见和建议，请您不吝赐教！

1. 您的身份是：

☐ 政府　　☐ 用户　　☐ 社区　　☐ 合作伙伴　　☐ 媒体　　☐ 其他（　）

2. 您对本报告书的总体评价是：

☐ 好　　☐ 较好　　☐ 一般　　☐ 较差　　☐ 差

3. 您认为本报告书能否反映公司的社会责任实践对经济、社会、环境的影响？

☐ 能很好反映　　☐ 能较好反映　　☐ 能一般反映　　☐ 不太能反映　　☐ 不能反映

4. 您认为本报告书对利益相关方关注的问题的回应和披露程度如何？

☐ 好　　☐ 较好　　☐ 一般　　☐ 较差　　☐ 差

5. 您认为本报告书披露的信息的清晰度、准确度和完整性如何？

清晰度	☐ 好　☐ 较好　☐ 一般　☐ 较差　☐ 差
准确度	☐ 好　☐ 较好　☐ 一般　☐ 较差　☐ 差
完整性	☐ 好　☐ 较好　☐ 一般　☐ 较差　☐ 差

6. 您认为本报告书的内容安排和版式设计是否方便阅读？

内容安排	☐ 方便　　☐ 一般　　☐ 不方便
版式设计	☐ 方便　　☐ 一般　　☐ 不方便

7. 您认为本报告书存在哪些不足？

_____

8. 您认为本报告为您提供了哪些有价值的社会责任信息？

_____

9. 您认为本报告还需要披露哪些社会责任信息？

_____

10. 您对公司社会责任工作和本报告书还有哪些意见和建议？

_____

感谢您的热情反馈和宝贵时间！填写完成后，您可寄送至或传真至 _____。

工具五　报告书选型分析方法

通过对利益相关方群体类别和诉求种类两个维度进行分析，生成散点图（如下图所示，横轴为利益相关方类型，纵轴为诉求种类），根据散点图显现的特征选取恰当的报告类型。

- 散点图形状大致呈现为一条横线，意味着多个利益相关方均对某一专项议题特别关注，若同时该议题对企业发展的影响度较高，企业可考虑发布议题型报告书。

- 散点图形状大致呈现为一条竖线，意味着某一类别的利益相关方对企业有较多种类的诉求，若同时该类别利益相关方对企业发展的影响程度较高，企业可考虑发布利益相关方型报告书。

- 散点图形状呈现出不规则分布，意味着涉及多类别的利益相关方群体和多种类诉求，若同时企业希望对自身社会责任工作进行整体的梳理与展现，企业可以考虑发布综合型报告书。

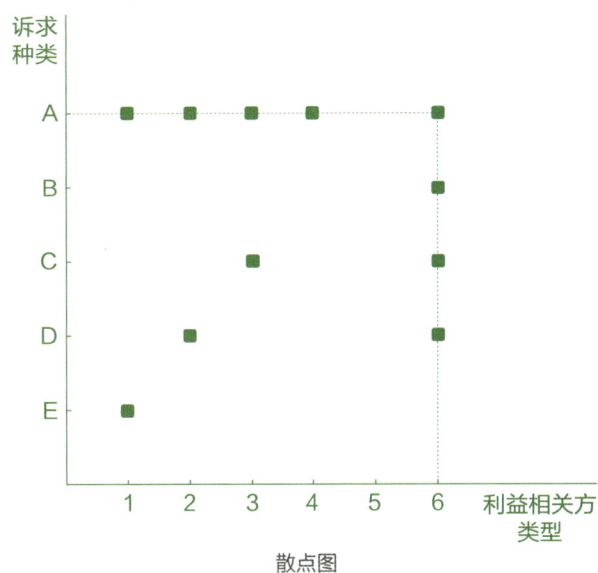

散点图

工具六　资料清单

	资料名称	提供部门	提供人员	时间	内容主题	……
1						
2						
3						
4						
5						
6						
7						
8						
9						
10						
11						
12						
13						
14						
15						
16						
……						

工具七 访谈提纲参考模板

高层领导调研访谈提纲：

1. 供电企业发展、电网发展与经济社会发展三者之间存在哪些相互影响？

2. 供电企业在现阶段发展过程中遇到的挑战与机遇分别是什么？

3. 公司目前的发展战略及重点是什么？选择此种战略的原因或背景考量是什么？

4. 在公司战略、日常运营管理中考量社会责任的必要性与重要性主要包括哪几点？

5. 您认为现阶段供电企业最应履行的社会责任议题或方向是什么？为什么？

部门负责人调研访谈提纲：

1. 您所在部门的哪些工作是公司年度重点工作？

2. 您所在部门成绩最突出的、得到公司内外好评的亮点工作有哪些？

3. 您所在部门推行的管理创新，哪些是源于响应外部利益相关方的要求和期望？
   取得了哪些成效？

4. 您所在部门参与的公司与利益相关方的协同合作机制有哪些？取得了哪些成效？

5. 您如何看待公司社会责任工作在部门中的落地？

工具八　发布会参考议程

时间	
地点	
参会人员	政府部门代表：
	用户代表：
	媒体代表：
	……
会议议程	简要介绍发布会的目的
	利益相关方代表致辞
	介绍报告书的框架、主要内容及特点
	播放企业的视频短片
	利益相关方发言
	媒体问答环节
	实地参观环节
	……